歴史文化ライブラリー

524

中世は核家族だったのか

民衆の暮らしと生き方

西谷正浩

吉川弘文館

目次

放浪から定住へ　鎌倉人の生活世界

中世名主の家族戦略　中世前期の民衆家族

変貌する中世の家族と社会――プロローグ

変貌する家族

第二次世界大戦後の日本社会は、二度の家族の危機ないし解体を経験している。第一が家父長制的な伝統家族、つまり「家（いえ）」の解体であり、第二が現在進行中の夫婦家族（核家族）の危機である（本書では、前者の伝統家族を家《いえ》と表す）。もちろん、危機や解体といっても、家族自体の消滅を意味するわけではない。規範的な家族のかたちが、家《いえ》から核家族に転じ、さらに核家族から次のステージに移りつつあるのだ。ただし、将来、近現代的な家族制度に代わる家族像がどうなるのか、オルタナティブはまだ見つかっていない。

家族構造の大変動が中世に起きた。中世には、新しい家族システムとして日本的な家制度が出現したのである。この家制度には顕著な特徴がある。家《いえ》は、家名《かめい》・家業《かぎょう》・家産《かさん》を三位一体として永続的に維持していくことを希求する。そのために、従来は結婚した子供たちは皆独立していたのが、一人の跡取りが親元に残るようになり、また相続制度も、子供たちに財産を分与する分割相続制から一子が家長の地位と家産を独占的に継承する単独相続制に移行した。これに応じて家内の内部秩序も変化する。家《いえ》では、内部構造を一筋の嫡系（直系）とその他の傍系に区分し、後者をやがて家外にでる者として低く位置づけるようになった。

家制度は、現状の社会関係が未来でも再現されることを予定しており、本質的に保守、安定志向のシステムである。こうした家《いえ》は、院政期ごろに成立したとする説が有力視されているが、私見では、鎌倉末期・南北朝期（一四世紀）ごろに貴族社会で誕生したと考えている。ついで武家社会では、単独相続制は鎌倉末・南北朝期にはじまり、室町時代ごろに一般化したとみられる。中世末期・近世初期ごろになると庶民層においても、経済的な先進地域である近畿地方を皮切りに家《いえ》が現れ、江戸時代後期には、全国的に家社会が形成された。さらに、こうして通階層化した家制度は、武士家族をモデルとして明治国家の家族制度に取り入れられ、日本近代家族の規範的な家族類型となった。

家《いえ》を生みだした中世は、おそらく日本史上最大の家族の変貌を経験した時代であった。そして現在もまた、中世に匹敵する家族の転換期を迎えている。本書では、変貌する中世家族の姿を追いかけていくが、ここでみる中世人の貴重な体験は、今日の家族問題に資するところもあるだろう。

変貌する社会

日本の社会は、一四世紀ないし一五世紀を分水嶺に大きく変貌をとげたといわれる。日本史学に巨大な足跡を残した網野善彦は、一九八四年に刊行された『日本中世の非農業民と天皇』（岩波書店）において、南北朝の動乱が起きた一四世紀を「民族史的次元、あるいは文明史的次元」の大きな転換期と捉え、今日につながる社会が一五世紀ごろに成立し、ながらく存続してきたものが、二〇世紀後半の高度経済成長にはじまる現在の転換期によって、それが急速に忘れられた過去の社会になりつつあると論じた。また、中世史家の勝俣鎮夫や桜井英治のように、南北朝時代よりも戦国時代の画期性を評価する論者もいるが（勝俣『戦国法成立史論』、桜井「中世史への招待」『岩波講座日本歴史　第6巻　中世1』）、いずれにしても中世後期を日本社会の転換期とみることでは認識を同じくする。社会の大転換が起こった理由について網野は、大局的には「人間の社会と自然との関係の大きな転換」に求めつつ、具体的な要因として貨幣経済の発展、文字の普及、村・町の成立や権威構造の変化をあげているが（『日本の歴史をよみなおす』）、さらに、これに前述した家族の変貌を加えてもよいだろう。

フランスの家族人類学者エマニュエル・トッドが、世界の家族システムを八つのタイプに類型化し、それぞれの家族構造が政治体制やイデオロギーを決定するという、マルクス以来の大胆な仮説を展開している。たとえば、トッドは権威的な父親と平等な既婚の息子たちから構成される家族世帯を「共同体家族」と分類するが、共産主義とこの家族類型の地理的分布が重なる事実を発見し、その理由を共産主義イデオロギーの発達に必要な価値観が家庭生活のなかで自然に習得されたからだと説明する。つまり、社会には家族の理念が内在し、それを基軸に社会関係が構築されるというのだ。世界には様々な家族のかたちがあるが、社会の価値観はそれぞれの家族制度によって生みだされ、人々は家族生活を通して社会の価値観を身につけていく。トッド自身もいうように、家族も歴史的に変化するものだから、家族システムの観点だけで社会構造を完全に説明できるわけではないが、やはりそこには各社会の特質がよく現れているように思われる。

家族制度の変動は鎌倉時代にはじまり、やがて社会構造の転換に結びついていった。中世の家族システムの変化は、社会のあり方にどんな影響をもたらしたのだろうか。

変貌する農業

前近代の日本社会において農業は基幹産業であった。日本の農業では、ながらく家族経営の農家（小農経営《しょうのう》）が中心に存在し、狭い農地を丹念に手を入れて高い収益をあげる集約農業が営まれてきた。周知のように、今日、日本の農業は大きな曲がり角に立っている。一九六〇年には一一七五万人を数えた基幹的農業従事者数（仕事として自営農業に従事した者）が、二〇一五年には一七五万人と大きく減少し、平均年齢も六七歳と高齢化が著しい。少子高齢化は日本の産業全体に様々な課題を突きつけているが、農産物価格が低迷するなかで、日本農業を支えてきた農家の高齢化と後継者不足はとくに深刻であり、廃業する農家が後を絶たず、耕作放棄地の拡大がとまらない。近年では、経営規模の拡大（大規模化）と法人経営が新しい農業の道として提案されているが、果たしてその方向に進んでいくのか、まだ先行きが見通せる段階ではない。

歴史的にみると日本の農業は、おおよそみぎの提言と逆向きに進化をとげてきた。古代には、農業は国造《こくぞう》・郡司《ぐんじ》クラスの豪族を中心とした共同体の営みであったとされる。古代末期には、広大な土地を囲い込んで巧みに経営をおこなう大農《だいのう》が現れ、時代の農業をリードした。中世になると大農らは姿を消し、鎌倉時代には、数町規模の土地を耕す中農《ちゅうのう》たちが活躍した。室町時代には、小百姓層の成長と農業環境の改善による生産性の向上によって、次第に独立的な小農経営が農業の主力を担うようになっていった。中世は、現在まで続く小農経営が成立した、日本農業の転換期でもあった。

交差する中世

中世後期には、現在大きな転換期を迎えている、近世・近代に連続する社会が形成された。つまり、日本の中世とは、古代につながる古い社会と今日につながる新しい社会が交差した時代だということになる。民衆の生活の土台となる家族と農業にとって、中世は分水嶺であった。本書では、家族と農業の問題を中心に、新旧の社会が交差するなかで中世民衆の生活世界が変化していくさまを描きだしてみたい。

一一世紀は中世の出発点にあたり、荒野の開発がすすんだことから、日本史上における「大開墾時代」と称されている。一方、古代末期の九・一〇世紀は、民衆にとって生活環境は過酷を極めた。今日ではよく知られているように、大地震や火山噴火が続いた大地動乱の時代であった。人々は得体の知れない伝染病に恐怖し、異常気象が引き起こす自然災害や飢饉《ききん》に苦しめられた。また、政治的には、弥生時代以来、地域社会を領導してきた在地首長たち（郡司層）が没落し、伝統的な秩序構造は解体の淵《ふち》にあった。古代末期の社会は、深刻な社会的危機を迎えており、ここを起点に中世への転換がはじまる。

本書では、古代末期の危機を超えて中世的世界が勃興するところから話をはじめよう。そして以下、時代をおって、変貌する民衆の生活世界をたどっていく。

こうして中世がはじまった

中世的世界の形成

古代末期の社会的危機

大地動乱

九世紀前半には、旱魃《かんばつ》・水害による飢饉《ききん》や疫病《えきびょう》が絶え間なく続き、政府はその救済策におわれた。九世紀後半になると、飢饉や疫病はやや治まるが、大規模な地震や火山噴火に悩まされた。そのころ国家の中枢では、藤原氏北家《ふじわらしほっけ》の藤原良房《よしふさ》・基経《もとつね》らが天皇家と姻戚関係を結び、摂政《せっしょう》・関白《かんぱく》の地位をテコにヘゲモニー（支配権）を確立していくが、地方では、群盗《ぐんとう》・海賊《かいぞく》の動きが活発化して治安《ちあん》の綻《ほころ》びが目立つようになっていた。

表1は、九世紀後半ごろに起きた大規模な地震・噴火を示した。貞観《じょうがん》六年（八六四）の富士山の大噴火は、有史以来、最大の噴火といわれる。大量の溶岩流《ようがんりゅう》が一帯をおおい、ここに広大な青木ヶ原樹海《あおきがはらじゅかい》が生まれた。この貞観大噴火を皮切りに、太平洋側でプレート

境界を震源とする海溝型《かいこうがた》地震が相次いだ。貞観一一年五月二六日、陸奥国《むつのくに》では、流れるような光が夜空を昼のように照らし出すと同時に激震が襲い、建物の崩壊や大津波によって多くの人命が失われた。太平洋プレートの沈み込み帯を震源とする、二〇一一年の東日本大震災はこの再来とされる。元慶《がんぎょう》二年（八七八）、一九二三年の大正関東地震（関東大震災）と同型とされる相模《さがみ》トラフ巨大地震が関東諸国の大地を震裂させ、とくに相模国・

表1　9世紀後半ごろにおける大規模な地震・噴火

年	事　項
承和 8（841）	2/13信濃大地震　7/5伊豆大地震
嘉承 3（850）	10/16出羽大地震
貞観 5（863）	6/17越中・越後大地震
貞観 6（864）	7/17駿河富士山噴火
貞観 9（867）	2/26豊後鶴見岳噴火
貞観10（868）	7/8播磨大地震
貞観11（869）	5/26陸奥大地震
貞観13（871）	5/16出羽鳥海山噴火
貞観16（874）	7/2薩摩開聞岳噴火
元慶 2（878）	9/29関東大地震
元慶 4（880）	10/14出雲大地震　12/6京都大地震
仁和 1（885）	10/9薩摩開聞岳噴火
仁和 3（887）	7/30東海・東南海・南海大地震
延喜15（915）	7/5出羽十和田湖噴火
嘉保3（1096）	11/24南海トラフ大地震？

古代中世地震史料研究会「［古代・中世］地震・噴火史料データベース（β版）」より作成.

武蔵《むさし》国に甚大な被害を与えたという。さらに仁和《にんな》三年七月三〇日（グレゴリオ暦《れき》八八七年八月二六日）には、駿河湾《するがわん》から四国沖を震源域とする南海トラフ巨大地震が起きた。地震学者の石橋克彦は、京都の強い揺れや全国的な被害状況から、これを南海トラフの異なる震源域をもつ東海・東南海・南海地震が同時に起きた可能性が高いとみる（『南海トラフ巨大地震』）。また、南海トラフ巨大地震以前には内陸部の大地震が多発したが、これらも巨大地震と連関した現象と考えられている。

仁和地震を『日本三代実録《にほんさんだいじつろく》』は「五畿七道《ごきしちどう》（日本全国）が同日に大震。官舎が多く損じ、海潮が陸に漲《みなぎ》り、溺死者は数え切れない。とくに摂津《せっつ》国が尤《もっと》も甚だしい」と伝える。『類聚三代格《るいじゅうさんだいきゃく》』所収の仁和四年五月二八日の詔書《しょうしょ》は、「今月八日（グレゴリオ暦八八八年六月二〇日）、信濃《しなの》国、山頽《くず》れ河溢《あふ》れ、六郡を唐突す。城廬《じょうろ》（町や家）、地を払いて流漂し、戸口《ここう》（家と人）、波に随いて没溺《ぼつでき》す。百姓《はくせい》（人民）何の辜《つみ》ありてか、頻《しき》りに此《こ》の禍《わざわい》に罹《かか》るならん」と記す。今日では科学的知見に基づいて、東海地震による八ヶ岳の山体崩壊のためにできた千曲川《ちくまがわ》上流の堰止《せきと》め湖《こ》が地震の約三〇〇日後に決壊して、土石流《どせきりゅう》が中下流域の村々を呑み込んだものと理解されている。大洪水の厚い砂層でおおわれた村々は長らく放棄され、平安後期になってようやく水田の再開発がすすめられた。

仁和地震の次の周期にあたる承徳《じょうとく》三年（一〇九九）の南海地震では、古文書《こもんじょ》が「地震による津波や地殻変動により、土佐《とさ》国では水田千余町が海底になった」（『兼仲卿記《かねなかきょうき》』紙背《しはい》文書《もんじょ》）と伝えるが、この水没田数は『拾芥抄《しゅうがいしょう》』が載せる平安後期の同国の田積数の六分の一に相当する（康和南海地震は永長《えいちょう》東海地震と同じく一〇九六年に発生したとみる説もある）。『今昔物語《こんじゃくものがたり》』（第一九巻二七話）に「高塩《たかしお》上リテ淀河《よどがわ》ニ水増《まさ》リテ、河辺ノ多ノ人ノ家流《ながれ》ケル時」とあるのは、摂津《せっつ》国を流れる淀川を遡上してきた南海地震の大津波を描いたものだろう。

大地の動乱は古代末期の民衆を苦しめただけでなく、当時の政治・思想に強烈なインパクトを与えた（保立道久『歴史のなかの大地動乱』）。ただし、南海トラフ巨大地震が一〇〇〜二〇〇年の周期で発生したように、大地動乱は当該期固有の現象ではなく、日本列島にとっては、時を隔てて必ず訪れる歴史の宿命といわねばならない。

疫病の脅威

麻疹《ましん》（はしか）・結核《けっかく》・天然痘《てんねんとう》（疱瘡《ほうそう》）やペスト・インフルエンザといった深刻な症状をもたらす集団感染症は、もともと動物を宿主とする病原菌が人間に感染するようになった病気である。こうした病原菌は社会に壊滅的な打撃を与えたが、ヒトは長い時間の経過を通じて免疫力を獲得していった。ウィリアム・マクニールが『疫病と世界史』のなかで、富士川游《ふじかわゆう》の古典的業績（『日本疾病史』）によって疫病が古代日本に与えた影響について述べている。

大陸から離れた日本の地理的条件は、海が天然の検疫として働き、大陸にはびこる病気との接触を防いだが、新しい病原菌が日本列島に侵入した場合には、耐性に乏しい列島の住人に深刻な危機をもたらした。西暦紀元の初めの世紀に疫病と遭遇した中国では、日本より数百年早く天然痘や麻疹を克服していた。一方、天然痘と推定される致死率の高い未知の病気が日本史の文献に記録されるのは西暦五五二年のことであり、仏教を伝えた百済《くだら》の使節が病気を持ち込んだ可能性が指摘されている（『日本書紀《にほんしょき》』の仏教公伝《ぶっきょうこうでん》の年にあたるが、現在では五三八年説が有力である）。

その後もたびたび流行し、多くの人命を奪ったが、とくに七三五〜七三七年の豌豆瘡《もがさ》とよばれた天然痘の被害は酷かった。日本史研究者のウェイン・ファリスは、全国平均の死亡率を二五〜三五％と推算している。麻疹は七五六年に文献に現れ、一一世紀前期から一二世紀前期にかけて、ほぼ一世代間隔で五度にわたって深刻な流行を繰り返した。天然痘・麻疹を小児の病気とする最初の記事が現れるのは、ともに一三世紀前半をまたねばならない。つまり、日本列島は中世を迎えるころになって、ようやくこれらを日常的な小児病として社会に定着させたのである。

一一世紀前半の古文書には、住民が疫病に倒れたといった類の記事が目につく。寛弘《かんこう》六年（一〇〇九）ごろ、丹波《たんば》国大山荘《おおやまのしょう》では「年来人民が多く死亡し、耕作者がおらず、久しく荒廃した」（『平安遺文《へいあんいぶん》』四五〇号）という。寛仁《かんにん》元年（一〇一七）ごろ、伊勢《いせ》国曽祢《そねの》荘《しょう》では「度々の疫癘《えきれい》で庄司《しょうじ》・寄人《よりうど》が多く死亡した」（『平安遺文』四七九号）、美濃《みの》国泉《いずみ》江荘《えのしょう》では「前年（一〇二三年）の大疫で庄司・住人が皆死亡した」（『平安遺文』一〇八三号）という。これらについては免税請求のための方便《ほうべん》とする見方もあるが、「寛仁元年六月一四日、天下の疫癘を消除するために仁王経《にんのうきょう》を転読した」という『日本紀略《にほんきりゃく》』の記事とも合致しており、基本的に事実とみてよい。

九九三年から九九五年にかけては連続して疫病が続いた（『日本紀略』『百練抄《ひゃくれんしょう》』）。九九三年には、夏にインフルエンザ、秋に天然痘が流行した。九九四年には未知の伝染病が襲来し、鎮西《ちんぜい》（九州）から始まり全国に広がってパンデミックが起きた。都では道路に死体が累々《るいるい》とところがり、五位以上の貴族も六〇人以上が死亡した。死の恐怖がパニックを引き起こし、流言飛語《りゅうげんひご》が飛び交った。五月ごろには、左京の三条《さんじょう》油小路《あぶらのこうじ》の井戸水を飲めば病気に罹《かか》らないという噂が広まり、人々が競ってその水を求めた。六月には、疫病神を鎮《しず》めるために京都紫野《むらさきの》の船岡山《ふなおかやま》で御霊会《ごりょうえ》が修された。無数の群衆が参集し、疫神《えきじん》を幣《へい》帛《はく》（捧げ物の布）に憑依《ひょうい》させて難波《なにわ》の海から送り返そうとした。しかし、伝染病の猛威は治まらず、翌年の後半に入ってようやく終息を迎えた。

平安時代末期に延暦寺《えんりゃくじ》の学僧皇円《こうえん》が編纂した歴史書『扶桑略記《ふそうりゃっき》』は、長久《ちょうきゅう》五年（一〇四四）には、「正月から六月まで疾疫《しつえき》が殊に盛んで、死骸が路に満ちていたうえに、夏場には前年に続き炎旱《えんかん》（炎暑の旱魃）に見舞われた」と記す。また、同時代の古文書も「長久四年の炎旱にもめげず百姓は頑張ってきたが、翌五年も八〇日以上恵みの雨がなく炎旱が厳しい。連年の疲弊により餓死者が道路に充満している」（『平安遺文』六四一号）と伝える。旱魃からきた飢饉による栄養不足で体力が奪われていたところに疫病が流行って大量の死者がでたのだろう。古代末期は厳しい疫病の時代であった。天然痘・麻疹やそれに似た感染症がほぼ一世代ごとに到来し、繰り返し社会に深いダメージを与え、人口の減少・停滞を招いたと考えられている。

気候変動と人間の歴史

近年、気候変動が人間社会の歴史に与えた影響が注目を集めている。西洋史では、九世紀から一三世紀にかけて比較的温暖な時期が続いたのち、一四世紀以降から一九世紀まで寒冷化が起きたことが明らかにされ、それぞれを「中世温暖期」と「小氷期」とよぶ。二〇世紀からは一転して温暖化が進んだ。近年の著しい気温上昇は化石燃料の消費による温室効果ガスの増加に起因するが、二〇世紀の温暖化自体は、一〇〇〇年超の周期性をもつ地球規模の長期的な気候変動によるものと考えられている。

太陽は約一一年周期で活動の強弱を繰り返してきた。ところが、この周期が途切れ、太陽活動が極端に弱まる「グランドミニマム（大極小期《だいきょくしょうき》）」が何度か起きたことがわかってきた。たとえば一六四一〜一七一六年は、太陽にほとんど黒点が現れなかった時期で、「マウンダー極小期」と称される。イングランドのテムズ川が全面凍結し、ヨーロッパでは、冷害による農作物の不作や伝染病の流行により多くの死者がでた。また当時の日本でも、大雨や霜《しも》が相次ぎ、寛永《かんえい》の大飢饉が起こった。ちなみに、専門家によると、現在は太陽活動がどんどん弱まっていて、グランドミニマムの入口に立っているという。

九世紀以降の温暖化は「中世」ヨーロッパに繁栄をもたらしたが、古気候研究の進化によって、他の地域ではかなり状況が違うことがわかってきた。日本を含む東アジアでは、「中世」には「長期にわたる安定した温暖期」は存在せず、気候変動の周期的な振幅が著しい時期であったことから、古気候学者たちは、いわゆる「中世温暖期」を「中世気候異常期」とよんでいる。なお、ヨーロッパの「中世温暖期」（九〜一三世紀）とは、日本史の一般的な時代区分では、ちょうど古代末期から中世前期にあたる。

新しい樹木年輪の分析法の登場によって、かなり高い精度で古気候を復原できるようになってきた。図1は、古気候学者の中塚武が復原した古代末期〜中世の気候変動である。黒い線は東アジアの夏季平均気温の変化、灰色の線は中部日本の雨量の変化を表している。古代末期の九・一〇世紀は、温暖で乾燥した気候の時代であった。大局的にみると、一一

図1　中世における夏の気温と降水量の変動（11年移動平均値）

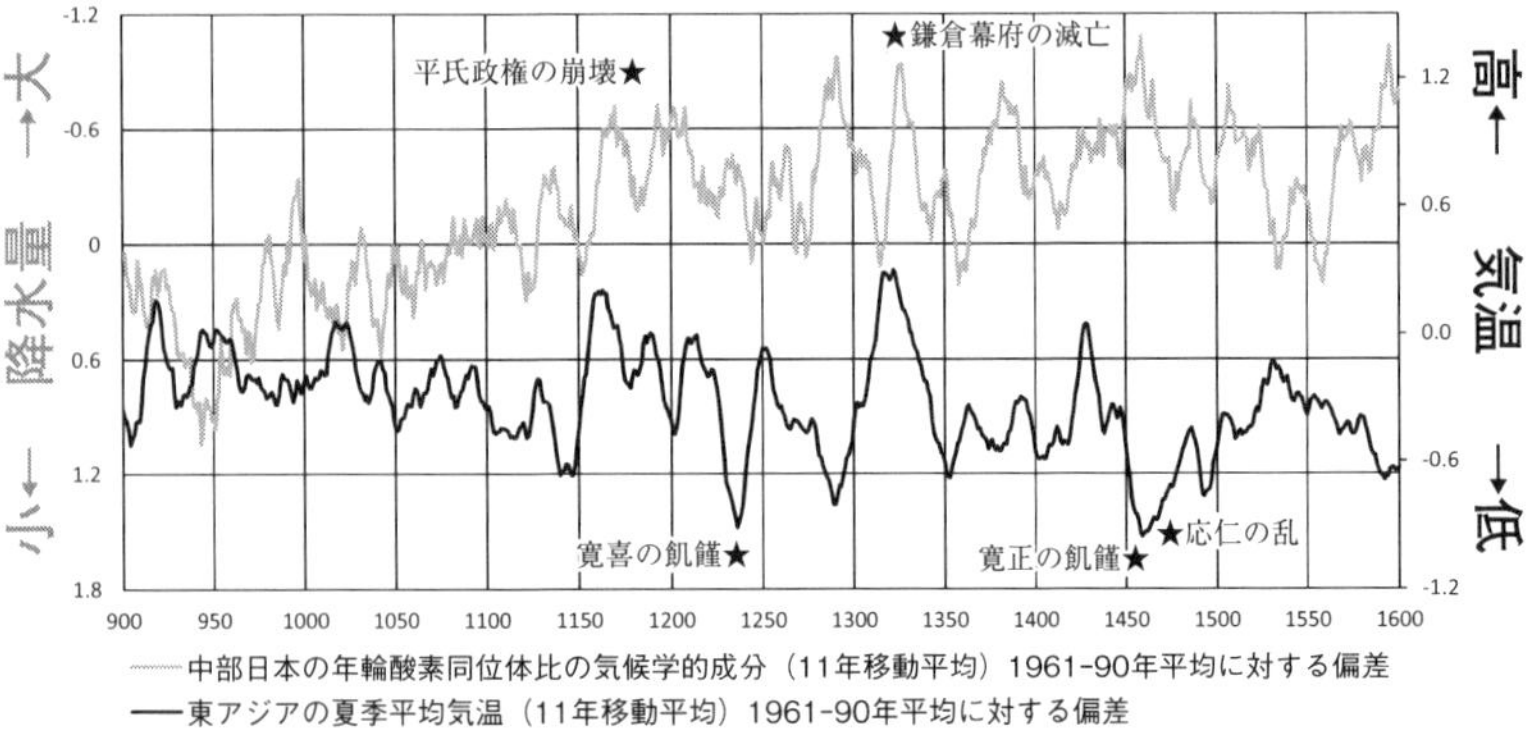

気温は，年輪データベースから計算された東アジアの夏季平均気温の1961〜90年の平均に対する偏差．降水量は，中部〜近畿の年輪分析から求められた降水量の変動（長周期変動からの偏差）．「11年移動平均」とは前後11年間の平均値のこと．年ごとの単発的な変化をならして全体的な趨勢の変化を知ることができる．

中塚武作成（データの出典は中塚2020を参照）．

世紀以降、気温が次第に低下していって湿潤で冷涼な気候となり、江戸時代の一七・一八世紀ごろに最も寒冷な時期を迎えた。さらに、こうした長期的な変化に加えて、中世独自の展開も明らかにされた。一二世紀後半になると、突如として数十年周期の気候変動の振幅が大きくなり、この気候異常的な傾向が一六世紀まで続いたという。

日本中世を代表する大飢饉に、寛喜《かんぎ》の飢饉と寛正《かんしょう》の飢饉がある。いずれも一〇〜二〇年以上続いた温暖期の直後の寒冷期に発生している。中塚は、気候の数十年周期での変動が、好適な気候条件（温暖）への人々の過度の適応を引き起こし、その後の気候変動に対して脆弱《ぜいじゃく》な社会を生みだした可能性を指摘している。また、平氏《へいし》政権の崩壊と西日本の深刻な旱魃、鎌倉幕府の滅亡と異常な多雨、応仁《おうにん》の乱《らん》と急激な気温低下といったように、政治的な大事件の引き金としても極端に振れる気候変動が注目されている。

消えた古代の村

考古学の発掘調査から、古代と中世の間に存在する地域社会の断絶がみえてきた。日本史研究者の坂上康俊は、発掘データに基づいて列島各地の状況に検討を加え、古代村落の大半が九・一〇世紀に消滅し、中世につながらないことを明らかにした（『律令国家の転換と「日本」』）。消えた古代の村にかわって、中世の村の多くは、地域開発にともなって一一世紀以降誕生した。

長野県千曲市の屋代《やしろ》遺跡は、千曲川に面した古代の村であった（『長野県屋代遺跡群出土木簡』）。弥生時代から河川の自然堤防上に集落を作り、周りに水田が開かれた。八世紀末には集落が拡大し、九世紀後半には条里制《じょうりせい》も施行されたが、ほどなく西暦八八八年に大洪水に襲われた。当村は、この大洪水以前にも水田が土砂で覆われる大規模な洪水に何度も見舞われたが、その都度すみやかに水田の復旧をなしとげてきた。だが、今度の洪水はそれを許さなかったらしい。分厚く堆積《たいせき》した土砂に屈して村は捨てられ、一二世紀近くたち、中世（平安後期）になってようやく本格的な再開発の手が入った。

もちろん、八八八年の大洪水は、仁和東海地震の堰止め湖の決壊で起きたレアケースだが、「人民は何の辜《つみ》があって頻りにこんな禍に遭うのか」といわれたように、深刻な洪水被害が列島各地で頻発していた。古代末期の大洪水が、無数の古代の村々に引導を渡したのである。

古気候学者の中塚武によれば、日本の気候は数十年周期で変動するパターンを示すが、歴史上において降水量の増減がとくに著しい時代があるという。弥生時代末期（二世紀）と古墳時代末期（六世紀）、および平安中期（一〇世紀）と鎌倉後期（一四世紀）である。一〇世紀は厳しい旱魃の時代だったが、末期には多雨期を迎えた（図1）。西暦一〇〇〇年前後ごろは、「移動平均値」で均したグラフでは突出してみえないが、年ごとの値では鎌倉後期の最大降水量年に匹敵する年がある。一〇世紀以降は六国史《りっこくし》が終わり文献記録が乏しいが、鎌倉後期と同じく、平安中期にも大規模な水害が多発した可能性が高い。

さらに歴史地理学者の高橋学が、一〇・一一世紀の洪水が激甚化しやすい理由を解き明かした（『平野の環境考古学』）。日本の平野の地形は河川の水の力によって形成され、歴史のなかで人間は、川が生みだした各時代の地形の特徴を利用して開発をすすめてきた。古墳時代後期から一〇世紀前半までは、前代と比べて平野は平坦だった。また、水田面と河《か》床《しょう》の高低差も後代より小さく、河川灌漑《かんがい》も容易だった。これらは条里地割を施行した耕地開発には有利な条件として働いたが、逆に、高低差がないことから洪水被害をうけやすいという弱点が生じる。雨量の増大期には、土砂・洪水氾濫《はんらん》（土砂が堆積して河床上昇・河《か》道埋塞《どうまいそく》が起こり、土砂と泥水の氾濫が発生する現象）が発生し、水田が厚い土砂に埋まるリスクが高まった。

古代末期から中世初期にかけては、河川の浸食によって河床が低下し、川沿いには低い崖《がけ》（段丘化《だんきゅうか》）が生じた。河床との比高差が増したことからこの段丘面は、洪水の被害をうけにくくなったが、また大きなデメリットも抱えていた。段丘化によって従来の灌漑用水から取水できなくなり、大量の荒田《こうでん》が発生したのである。

大農の時代

古代の水田稲作を支えてきた灌漑体系は、洪水被害や河床低下により危機に瀕していた。古代末期の農村は、荒田や不安定耕地が多く存在する、荒涼たる景観だったと想定されている。こうした状況において、日本の歴史では見慣れない者たちの活躍が繰り広げられた。広大な土地を耕す大農《だいのう》の姿である（西谷「中世の農業構造」）。

古代には、おそらく農業は共同体の営みであり、農民の経営は共同体支配者層に依存してはじめて農業経営が可能であるような非自立的なものであったと考えられている。古代末期には天候不順による飢饉や疫病が続き、地域社会は危機的状況にあったが、そこに必ずしも共同体の存在を背景としない新しい勢力が台頭してきた。天長《てんちょう》一〇年（八三三）

に、それぞれ三〇町以上を耕作し、稲四万束（籾米四〇〇〇石）以上を蓄えた安芸国佐伯《あきさえき》郡《ぐん》の三人の「力田《りきでん》」（富裕農民）伊福部五百足《いふくべのいおたり》・伊福部豊公《とよきみ》・若桜部継常《わかさくらべのつぐつね》らが、貧しい人々や困った旅人を援助した善行を賞されて国家から勲位《くんい》を授かっている（『続日本後紀《しょくにほんこうき》』）。当時の三〇町は現在の約三六haで、東京ディズニーランド（五一ha）の七割におよぶ。自身が農地を直接経営する大農であった。

こうした新興勢力は、日本史学では富豪層《ふごうそう》と概念化されている（戸田芳実『日本領主制成立史の研究』）。富豪層は、私出挙《しすいこ》（個人による貸付け）の元手となる稲や銭《ぜに》、労働手段となる牛馬・奴婢《ぬひ》・農具などを大量に所有し、広大な土地を囲い込んで巧みに経営をおこなった。豊かな大農たちが、農繁期に蓄えた「魚酒」を供与して田夫《でんぷ》をかき集めたので、百姓の田植えに支障が生じたという（『類聚三代格』）。また紀伊《きい》国では、百姓が自作に窮して口分田《くぶんでん》の耕作権を貸しだしたために良田の多くが「富豪の門」に帰し、一国の徴税に穴が空く事態も生じている。

一〇世紀後半に成立した『うつほ物語』には、富豪層の姿がわかりやすく誇張して描きだされている。

紀伊国牟婁《むろ》郡《ぐん》に住む神南備種松《かみなびのたねまつ》は、この上ない財宝の王者であり、国の掾《じょう》として政治にもたずさわる。風貌も立派で、思慮分別も備わっている。

種松は広大な田地を作り、召し使う者も男女一〇〇人以上いる。彼が作る田は、車の輪の大きさの太陽が七つでて一年中照らす旱魃でも一本も枯れないし、天と同じ高さの洪水があっても一本も流れない。種松が播《ま》いた種は、一粒で一石、二石実る。種松が蚕《かいこ》を飼えば、一頭で糸が一〇両、二〇両とれる。

異常気象の時代に生きた農業巧者の上手を、願望を込めて讃えている。さらにこれに続けて、広い屋敷の内では、炭焼き、酒造り、鍛冶《かじ》・鋳物師《いもじ》、機織《はたおり》・染色・縫製など、様々な生業を営むようすが述べられる。おそらく社会的な分業体制の未成熟によるのだろうが、古代の大農である富豪層は、専業の農民ではなく、農業を基幹としつつも意欲的に多角経営に取り組んでいたのである。

農民の働きぶり

二〇〇〇年、石川県津幡町《つばたまち》の賀茂《かも》遺跡で、古代の官道（北陸道《ほくりくどう》）に立てられた、九世紀半ばの高札《こうさつ》（加賀郡牓示札《かがぐんぼうじふだ》）が出土した。高札には「田夫《でんぷ》（農民）は、朝は寅時《とらのとき》（午前四時ごろ）に田圃《たんぼ》にでて、夕は戌時《いぬのとき》（午後八時頃）に家に帰ること」（第一条）や「五月三〇日（現在のグレゴリオ暦で六月末ごろ）までに田植えの完了を報告すること」（第四条）、「村内に紛れ込んできた怪しい者を探しだして捕らえること」（第五条）や「村のなかで大酒を飲み、遊びふける百姓を取り締まること」（第七条）といった、農事や生活一般に関する八か条のお達しが記されていた。これらが、江戸時代のいわゆる「慶安御触書《けいあんのおふれがき》」（現在では幕府法令でないことが判明した）を連想させることから、「古代のお触れ書き」とよばれて注目を集めた。

第一条を額面通りに読めば、政府は農民に寅時から戌時まで一六時間の過酷な労働を強いたことになる。しかし前近代では、政府がだした命令の解釈は、なかなか一筋縄ではいかない。政府の思惑どおりに事が運ぶこともあれば、逆に「笛吹けども踊らず」といった案配で、為政者側の期待や理想の表明にすぎないこともある。高札の後半部では、当時の百姓のようすがこのように描かれている。

農業振興の法令をだしてきた。しかし、百姓たちは、気ままに遊びほうけるだけで、耕作せず、酒・料理を喰らい、喧嘩《けんか》・騒動を繰り返すばかりだ。怠慢で種蒔きや田植えの時機を逸したにもかかわらず、あべこべに不作の年だと称して憚《はばか》らない。これでは、人民が疲弊するだけでなく、再び飢饉の辛苦《しんく》を招くに違いない。

日本人は勤勉だ、とよくいわれるが、その勤勉さは、収穫を増やすために手間暇《てまひま》を惜しまず努力を続けてきた先祖の農民たちの営みを通じて培《つちか》われてきた。ところが、ここに現れた古代末期の田夫の姿は、勤勉とはほど遠く、怠惰、反抗的であり、投げやりな感さえうける。はたして、長時間労働に従事した農民と怠慢な農民のどちらが、当時の農民の実像により近いのだろうか。

もとより、乏しい同時代史料からは断定はできないが、おそらく後者であろう。そう考える最大の理由は、農業に取り組むインセンティブの有無にある。江戸時代の農書『百《ひゃく》姓《しょう》伝記《でんき》』はこういう。

上も下も欲というものがあるから、人はみな仕事をするのだ。欲しい、惜しい、見たい、喰いたい、衣服を着たいと万民が願う。これが欲心だ。悪い欲を起こさず、不道徳をせず、神仏を信じ、お上を敬い、父母兄弟に孝行を尽くし、慈悲心を第一とし、人に同情をかけよ。そうすれば一生は安泰で、しかも子孫は豊かになる。

生産を増やして生活の質を高めたいという「欲」が、近世農民の「勤勉さ」の精神的土壌を形成する刺激となった。しかし、古代末期の農業においては、後述するように、末端の耕作農民に自発的な努力を発動させる契機が構造的に欠如していたのである。

大開墾時代

荒野と開発、旺盛な開拓者精神

西ヨーロッパでは、温暖な環境を追い風に一一世紀後半から一三世紀前半にかけて森林や原野が開拓され、いわゆる大開墾時代を迎えた。

平安後期は、ヨーロッパとは逆に寒冷化にむかう時期であったが、一一世紀をピークに勢いよく開発がすすみ、中世社会の土台が形成されたことから、それになぞらえて日本の大開墾時代とよばれている。

当時の状況を反映して、荒野《こうや》・開発《かいほつ》という言葉は独特の意味合いをもっていた。荒野は原野だけでなく、荒廃した田地を含み、開発は荒田《こうでん》の再開発も意味した。異常気象による飢饉や疫病、大規模な洪水や大地震、度重なる伝染病の大流行など、古代末期の列島社会は深刻な危機に見舞われ、耕地の荒廃が著しかった。荒田の復興は官民あげての切なる願いであった。当時の政府の方針を知らせる史料として有名な寛弘《かんこう》九年（一〇一二）の和泉《いずみ》国符《こくふ》（国の指令書）では、部内（国内）の郡司たちに、荒田を再興した場合は租税軽減の特権を付与する旨を「普《あまね》く大小の田堵《たと》（農業経営者）」に通達するように命じている（『平安遺文』四六二号）。こうした誘因策もあって、中世成立期である一一・一二世紀は、荒廃耕地の再開発を起爆剤として、史上特筆されるべき大開墾時代となった（黒田日出男『日本中世開発史の研究』）。

開発された土地（所領《しょりょう》）は私領《しりょう》、その所有者は領主・地主とよばれた。私領は本来、永年私財田として認められた墾田《こんでん》（治田《はりた》）を意味し、公田《こうでん》の対概念であったが、当該期には、公田（公領）内にある開発地も私領（公田私領）と称された。こうした私領は地方官である国司《こくし》に開発を申請し、その認可（立券《りつけん》）をうけて成立した。ただし、近代的な土地所有権では所有権の絶対性を原則とするが、この時代には、三年間耕作しない場合、別人にその土地の開発申請を認める――旧領主の所有権は失効――というルールがあったように、私領の所有権は脆弱性を否めない。開発領主たちは、国司の干渉の排除や特権の維持・拡大をめざして積極的に有力者に私領を寄進した。そのため、摂関家《せっかんけ》のような有力貴族や大寺社の所領（荘園）が増大して受領《ずりょう》（国司）の一国支配の危機を招いたことから、延久《えんきゅう》四年（一〇七二）には、後三条天皇《ごさんじょうてんのう》によって全国的な荘園整理令がだされた。

私領の開発に活発に取り組んだのが、「五位以下諸司官人以上」といわれた中央の下級貴族・官人や僧侶・神官《しんかん》、あるいは国衙《こくが》（地方政府）に連なる地方の有力者たちであった。後に鎌倉時代の法律用語を説明した「沙汰未練書《さたみれんしょ》」で「御家人《ごけにん》とは開発領主で武家御下文《おんくだしぶみ》を賜った人のことだ」と説明されるように、彼らが中世武士階級の主流を形成した。ある開発領主が「五畿七道の習い、諸国荘公の例、荒野は千町と雖《いえど》も無益なり、開作は一段《いったん》と雖も利あるなり」と述べているのは、時代の旺盛な開拓者精神を的確に表現している（一〇〇〇町は一段の一万倍の広さ）。大開墾時代の人々は、荒野を負の存在、開発を正義とみなし、しゃにむに開発に乗りだしていったのである。

開発事例をいくつか紹介しよう。これらは、当時の自然環境の変化とも関係している。

開発の展開

古代末期から中世初期にかけて西日本では、河川の浸食によって河床が低下し、川沿いには低い崖ができたために従来の用水路が機能しなくなり、大量の荒田が発生する事態が頻発していた。秦為辰《はたのためたつ》による播磨《はりま》国赤穂《あこう》郡《ぐん》の久富保《ひさとみのほ》の「荒野開発」は、こうした状況に対応した著名な事例である（『平安遺文』一一一三号）。承保《しょうほう》二年（一〇七五）、為辰は灌漑用水の不具合で荒廃した田地の開発を国に申請して認可された。その復興のために井口《いぐち》（用水路の取水口）をはるか上流に取り、土樋《どひ》や木樋《もくひ》を渡し、分厚い巌《いわ》を掘り抜くなど、延べ五〇〇〇人以上の労働力を動員した難工事の末、三〇町（三㎞強）におよぶ長大な用水路を完成させ、五〇町（約六〇ha）の田地の再開発に成功した。

古代・中世には、河川の流路が固定されておらず、大洪水によって川筋が大きく移動することがあった。観世音寺《かんぜおんじ》領筑前《ちくぜん》国碓井封《うすいのふう》（碓井荘）は、遠賀川《おんががわ》上流域に位置し、遠賀川と支流の千手川《せんずがわ》が領域の中央部を流れている。一一世紀初頭ごろ洪水で流路が大きく変わり、大量の耕地が押し流されたが、一方、旧流路では開発がすすめられた。「水便を尋ね、或いは嶋（水流でできた土砂の堆積地）を破りて田と為《な》し、或いは古池・古河を満たして田と為す」（『平安遺文』四九八号）という。新しい灌漑施設を作り、堆積した土砂を利用して、川の蛇行によって取り残された池や沼（古池）、旧河道を埋め立てて開墾し、旧河道一帯は二〇町近い水田に生まれかわった。

平野部の河口部では、川に運ばれてきた土砂がたまって三角州や遠浅の海が形成され、こうした地形変化を利用して干拓がおこなわれた。東大寺《とうだいじ》領摂津《せっつ》国猪名荘《いなのしょう》の沿岸地域は、沿岸潮流や神崎川《かんざきがわ》の作用で土地の造成がすすみ、干拓可能な野地《のち》が生じていた。承安《しょうあん》五年（一一七五）、京都鴨社の禰宜《ねぎ》鴨祐季《かものすけすえ》は、荘内の入江に塩堤《しおづつみ》（海水の侵入を防ぐ堤防）を築けば二〇町の田地が造成できるとみて、米三〇〇石を投資して開発に乗りだした（『平安遺文』三六七二号）。

地方の実力者によって巨大な私領も開発された。延久五年（一〇七三）、大宰府の大監《だいげん》秦時広《はたのときひろ》が肥前《ひぜん》国小城郡《おぎぐん》の有明海《ありあけかい》沿岸の私領、田地五八三町四反と畠《はたけ》三か所を売却した（到津《いとうづ》文書「宇佐大鏡《うさおおかがみ》」）。満潮時は冠水域にあたるので、干拓地の所領とみられる。おそらく時広は、大監の立場を利用して干潟《ひがた》の大規模開発の認可をうけ、塩堤を築いて一帯を開いたのだろう。まだ開発途上の段階で、荒田が全田地の三分の二近く存在した。

中世で最も多いのが丘陵部にくい込んだ小さな谷の開発である。谷の地形を利用して溜《ため》池《いけ》を築き、下流に向けて用水路をつくる。豊後《ぶんご》国田原別符《たわらべっぷ》では、天喜《てんぎ》五年（一〇五七）、国東《くにさき》郡司の一族とみられる紀季兼《きのすえかね》が荒野の開発に乗りだした。それ以前は谷の湿田部分で細々と営まれていたのが、新設の溜池からの水路にそって安定した水田が形成された。

労働力をめぐる競争

日本社会はながらく豊富な労働力を享受してきたが、しかし今日、人手が足らない状況を迎えつつある。中世初期も人手不足の時代であった。大開墾時代の潮流が地方社会に人口の流動化を引き起こし、公領を支配する諸国司や荘園・私領の領主たちの間には、労働力をめぐって激しい競争が生じていた（西谷「中世の農業構造」）。

さきに寛弘九年に和泉国が荒田の開発者に減税を認めたことを紹介したが、これも「浮《ふ》浪《ろう》の者」（浪人）を呼び込もうとした施策にほかならない。古代の大寺社には、国家や地方政府の国から公的給与が授けられていた。日向国《ひゅうが》では、一一世紀中葉以降、代々の国司が、国からの給与のかわりに「荒野・空閑《くがん》の地」を四至《しいし》を定めて神領に寄進し、国の総田数の二〇％弱をしめる膨大な宇佐宮領の荘園・別符《べっぷ》が形成された。宮領では、現地管理者の荘司《しょうじ》らが「隣国や他境の人々を招き寄せ、巌石《がんせき》を掘り却《しりぞ》け、荊棘《けいきょく》（茨《いばら》の茂る荒れた土地）を伐《き》り掃《はら》い、田畠を開作した」（到津文書「宇佐大鏡」）という。開発地には、隣国・近隣から積極的に労働力（浪人）が招致されたのである。来住して公領や荘園の作手《つくて》（耕作権）をえた浪人は、その所の住人とされ、寄人《よりうど》や田堵とよばれた。

一種の自治体といってよい一二世紀以降の中世荘園とそれ以前の荘園には、大きな違いがある。一一世紀までは、荘園・公領の土地が散在して入り組んでいたので、田堵が複数の荘園や公領に同時に所属する「諸方兼帯《しょほうけんたい》」が広くみられた。また、不輸不入《ふゆふにゅう》の特権を有する荘園は少なく、一般の荘園は、国司の検田《けんでん》（土地調査）をうけて税を納め、その支配に服していた。

古代・中世の史料では、字面の印象と実態が違うことも珍しくない。逃散《ちょうさん》は、夜逃げのたぐいではなく、主体的な退去であった。また浪人も、実態は流動化した労働力とみたほうがよい。荘園経営の最大のカギは、浪人を呼び込み、田堵の流出を留めて労働力を確保できるかどうかにあった。しばしば荘園の領主は、田堵の逃散による荘園経営の破綻を訴えて国役《くにやく》免除や国使《こくし》不入などの特権の付与を国に申請したが、これは要するに、経営者側がよい労働環境を提供できなければ、労働力（田堵）がより条件のよい経営体（荘園）に流出するということにほかならない。

荘園の領主・荘司と田堵

中世は荘園制社会であり、荘園制の土地所有関係を基軸に社会の階層的秩序が形成されていたが、中世初期には、そうした社会階層はなお未分化な段階にあった。単純化すれば、領主は荘園の所有者、荘司はその管理者、田堵は農業経営者といってよい。ただし、田堵の経営規模は大小様々であり、なかには、下級貴族に相当する五位《ごい》の位をもつような有力者もいた。ある所領では田堵だが、他では領主や荘司というケースもみられる。

領主と田堵は、毎年春に農民と領主が請文《うけぶみ》（誓約書）と充文《あてぶみ》（任命書）を取り交わして、「一年請作《うけさく》」（一年間の請作）契約を結んだ。大開墾時代には、労働人口と比べて開発可能な土地が豊富に存在したから労働力に希少性があり、労働条件に不満があれば、田堵のほうから契約を解消した。領主は田堵をつなぎとめるために、田堵の農業経営を支援する勧《かん》農《のう》をおこなった。京都や奈良に住む領主は、旧暦二月上旬に勧農の使者を現地に下し、用水路や堤防の整備費用を支給し、田堵らに「種子作料《しゅしさくりょう》」（種籾《たねもみ》と労働費用）を貸与した。農業経営振興のための一種の補助金である。

領主と田堵の契約に際して、散田《さんでん》が実施された。散田とは請作地の配分を意味し、実際には、現地の事情に通じた荘司が割り当てるのが「田舎の作法」（地方の慣例）であった。中世史家の勝山清次によれば、東寺《とうじ》領伊勢《いせ》国川合荘《かわいのしょう》では、応徳《おうとく》元年（一〇八四）ごろ、一四町の田地を一〇人の田堵に一町または三町という切りのよい単位で、条里の坪《つぼ》ごとに請け負わせている（「東寺領伊勢国川合荘の出現と退転」『立命館文学』六二四）。平安後期には、耕地や灌漑施設の整備が遅れていたことから、平野部の水田の適地でも地形内に微細な起伏があり、良田の付近でも不安定耕地や荒地が混在していた。川合荘の地子代が町別（一〇反）六斗と破格に安いのもそうした状況によるのだろう。また、下田《げでん》ばかりだと引き受け手がないので、能田《のうでん》（上田《じょうでん》）と悪田《あくでん》（下田）をうまくパッケージするのが、散田の腕の見せどころであった。

川合荘の田堵荒木田延能《あらきだのぶよし》は、五位の伊勢神宮の権禰宜《ごんねぎ》であった。荘司物部頼季《もののべのよりすえ》は田堵も兼ねたが、神宮検非違使《けびいし》を本務とする。田堵は農業経営者を表す言葉だが、必ずしも専業農民というわけではない。延能は年来耕作する田地を官物《かんもつ》未納により没収された。ここで起きた事件は有力田堵の経営の一端をうかがわせる。

新任の田堵が「田汁」を作り置いて田植えの準備をしていたところ、延能の「目代《もくだい》で後見《うしろみ》」といわれる吉友《よしとも》と諸枝《もろえだ》が、三〇人余の田人《たびと》（農夫）を率いて強引に苗を植えはじめ、荘の使者に制止された。その三日後、彼らは伊勢神宮の機殿《はたどの》の機子《はたご》（織り手）を雇い、機殿の神威を募って再度田植えを強行しようとしたという。手広く諸所の田堵を兼帯する有力者は、従者を遣わして農事をおこなった。

荘園・村落の住人

東大寺領越後《えちご》国石井荘《いしいのしょう》はながらく荒廃していたが、一一世紀中ごろから荘司の大法師《だいほっし》兼算《けんさん》を中心に再建がはじまった。兼算は隣国・近郷から浪人を招き寄せて田堵に編成し、荒田の開発に取り組んだ。こうした所領開発にともなって、中世の村々は生まれた。荘園・村落の住人の内部関係はどのようであったのか。石井荘を例にみてみよう（鈴木哲雄『中世日本の開発と百姓』第一章）。

石井荘の住人には二つの階層が存在した。とくに「寄人《よりうど》」とよばれる有力田堵とたんに「荘子《しょうじ》」とよばれるそれ以外の者たちである。兼算の言によれば、「古志得延《こしのとくえん》は兼算が荘司だった時分、兼算に名簿《みょうぶ》を捧げ、近郷からやって来て田堵になり、朝に夕に召し使っていたところが、国司の目代らと結んで反抗がやまず、ついには数多の百姓たちを引き連れて信濃《しなの》国に逃げ去った」という。得延は寄人にあたる。しかし二年後には、状況が一変していた。今度は、得延を含む寄人たちは、兼算と結託して現荘司良真《りょうしん》の追い落としをはかった。彼らは、「兼算は越後国の高家《こうけ》（権勢のある家）であり、荘子住民の十分の九が兼算の従者眷属《けんぞく》（従者や身内）なので、兼算を荘司に復帰させなければ、彼らは隣国に越してしまい、残りの荘子では荘園は立ちいかない」と訴えている。

ここから住人たちの関係に迫っていくには、彼らの心性を知らねばならない。名簿の提出は従者・家来《けらい》になることを意味した。だが、当時の主従関係は後代のそれと全く違っていた。複数の主人をとることや主人の乗り換えが頻繁であり、利害が齟齬すれば、すぐに「昨日の家人《けにん》（従者）が今日は論人《ろんにん》（敵対者）」となったのである。得延が名簿を捧げたのは、散田の実務をとる荘司に接近して有利な取り計らいを期待したのだろう。また兼算が邪魔《じゃま》になると、国司に働きかけて躊躇《ちゅうちょ》なく追い落しをはかった。中世初期の人々の倫理観は、明らかに伝統的日本人のそれとは違っていた。院政期の『今昔物語集《こんじゃくものがたりしゅう》』でも、正直《しょうじき》・誠実《せいじつ》への評価は微妙であり、不正直でもうまく利益をあげた者のほうがむしろ賞賛されている。石井荘では、田堵との対立によって二年間のうちに荘司が「兼算→良真→兼算→良真」と交替した。寄せ集めでもともと人間関係が希薄ななかで、人々が目先《めさき》の利益を追い求め、離合集散を繰り返した結果とみられる。

荘子住民の九割が兼算の従者眷属という発言は、かなり差し引いて考える必要がある。多くの百姓が得延と信濃に逃げたように、有力田堵を頼る者たちがいたことは事実としてよい。次節「中世農業の成立」でみるように、小百姓たちは、農業経営の側面からも、彼らに依存しなければならない現実が存在していたのである。荘園の住人は、荘司・寄人とそれぞれの従者眷属からなるといったほうがより適切だろう。ただし、従者眷属の語には注意がいる。これもやはり緊密な間柄ではなく、かなり流動的な状況にあったとみなければならない。

中世農業の成立

伝統的な水田稲作

一九五三年に農業機械化促進法が制定されて機械化がすすんで以降、日本農業のあり方は大きく変わった。ここでは、中世以来連綿と続けられてきた、人力・畜力を動力とした日本の伝統的な水田稲作のようすを簡単にみておこう。表2は、一五世紀後半の山城《やましろ》国の史料から水田稲作の農作業の過程と経費を示した（西谷「中世の農業構造」）。

稲作は旧暦の春二月から本格的にはじまる（旧暦では正月〜三月が春）。発芽の促進や病害を防ぐために、苗代《なわしろ》に播く前に種籾を水に浸《ひた》すのを浸種《しんしゅ》という。①苗代に種籾を播いて苗を育てる。同じころ、本田《ほんでん》では、②田の打ち起こしをはじめる（耕起《こうき》）。続いて、③代《しろ》掻《か》きをすませ、④畔塗《くろぬ》りをして、刈敷《かりしき》・肥灰《こえはい》（草木灰《そうもくばい》）などの肥料をすき込む。耕起・代

表２　水田稲作の農作業と経費（１反分）

作　業	費用	備　考
①苗代	250文	種代として支給
②耕起	150文	牛を使用（牛使いを雇用）
③代掻き	150文	牛を使用（牛使いを雇用）
④畔塗り施肥	320文	80文×４人
⑤田植え	175文	35文×５人
⑥水管理		
⑦草取り２回	450文	15文×30人
⑧稲刈り	65文	２反半16人分162文
⑨稲運搬	53文	２反半13人分132文
⑩脱穀	66文	２反半16人分165文

出典は，西谷2018.

掻きには、一五〇文を払って牛飼いを雇っている。役畜《えきちく》の投入は省力化のためである。役畜は人力の五倍ほどの働きが期待できた。

夏四月になると田植えの準備にはいる。苗代田から本田に苗を運び、⑤早乙女《さおとめ》たちを雇って田植えをする。田植えは稲刈りとならんで最大の労働力を必要とした（一〇aあたり約三〇時間の労働時間を要したが、機械化で一～二時間に減少したという）。⑥水管理は米の収量・品質に影響する。高温多湿の日本ではすぐ雑草がはびこる。⑦草取りは、夏の炎天下、汗を流しながらの重労働である。近世以降は三度するが、中世は二度だった。

秋は収穫の季節である。稲には早稲《わせ》・中稲《なかて》・晩稲《おくて》の三種がある。京都あたりでは、早田《そうでん》は旧暦四月中旬ごろに植え、七月後半ごろ刈り入れた。中・晩稲の収穫期は、それぞれ九月前半、一〇月前半ごろだろう。米作りで最も人手がいるのは、⑧稲刈り～⑩脱穀にかけての工程である。よく乾燥させたあと家の中に⑨稲を運搬する。まだ便利な千歯扱《せんばこき》は存在せず、⑩脱穀（稲扱《いなこき》）は、原始的な扱箸《こきばし》を用いたので時間がかかった。さらに、籾摺《もみすり》り用の摺臼《すりうす》で籾殻《もみがら》を除いて玄米《げんまい》にし、年貢米は俵《たわら》に詰めて領主の蔵に納めた。また、二毛作田では、稲の収穫が終わると麦作りがはじまる。

このように中世でも、近世以降と同じく、小規模な土地に多くの労働力を投下する集約農業が営まれていた。そのなかで中世的な特徴も指摘できる。近世と比べると、耕起・代掻き・草取りの回数が少なく、やや省エネ型といえる。また、積極的に外部労働力を雇って農事をすすめた。工程ごとに標準的な賃金があったようで、④畔塗り等が八〇文、⑤田植えが三五文、⑦草取りが一五文（半日か）、稲刈り・運搬・脱穀が一〇文である。一〇文は中世の単純労働の標準賃金にあたる（銭一文は、現在では三〇〇円くらいか）。さらに、役畜《えきちく》を積極的に利用し、飼っていない者も銭で雇った。旧暦の初夏と秋の農繁期には、稲作農民は目が回るように忙しいが、適切な時期に農作業を終えないと収穫が半減する恐れさえある。中世の農民は、必ずしも最大限の生産の達成は求めず、作業の簡素化、外部労働力や役畜の利用によってやり繰りした。

古代の水田稲作

こうした農業は、農民の家族——いわゆる小規模家族経営の農家——によって営まれた。農業で生計をたてる家族を農家とよぶのは近世以降のようだが、名称はともかく、本格的な農家経営は、すでに中世にはじまっていた。農業の問題を体系的に考えるには、土地の条件、農業技術、経営主体のあり方などがポイントになる。農業技術については、最近の研究によって古代の農業技術が予想以上に高いことがわかってきた。

中世には多くの品種の稲が栽培されたが、これらはもっぱら中世になって選出されたと考えられてきた。ところが、平川南の古代の種子札木簡《たねふだもっかん》（品種名を記した木簡）の研究によって、主要な品種がすでに奈良時代に存在することが明らかになった（『日本の原像（全集日本の歴史2）』）。品種改良《ひんしゅかいりょう》もされていたらしい。稲の品種に関しては、古代の貢献が大きく中世の進歩は小さかったのである。かつて網野善彦が強調したように（『「日本」とは何か（日本の歴史　第00巻）』）、けして貫徹したわけではないが、古代国家は水田稲作を基盤とする国造りを強烈に志向した。種子札木簡が地方の役所である郡家《ぐうけ》から出土することも、国家や郡司となった在地首長らが古代の稲作を牽引したことを示唆している。

古代・中世の水田稲作の主要な農具には、人力による鋤《すき》・鍬《くわ》、牛馬に引かせる犂《からすき》・馬《ま》鍬《ぐわ》などがあった。役畜の牛馬は、日本原産ではなく、弥生時代以降に朝鮮半島から入ってきた。日本で牛馬耕が本格化するのは、六世紀後半から七世紀ごろとされる。人間に比して大きな動力をもつ牛馬は、耕地開発や農耕を大幅に効率化した。

中世には、風呂（木の台座）に鉄の刃を取り付ける風呂鍬が使われた。五世紀中ごろに出現するが、製作には高度な金属加工技術を要した。弥生時代は木製が用いられたが、木製の鍬では鋭い刃先が作れないので、用途により二種類の鍬を使いわけねばならなかった。風呂鍬は一つで両方をこなせることから、やがて木製にとってかわった。しかし古代には、鉄製農具の所有は豪族や寺院などに限られ、民衆のもつ物ではなかった。律令官人には、季禄《きろく》（年二回の賞与）として鍬や鉄が給与された。一方、中世には、風呂鍬は農人《のうにん》を象徴する道具になるが、これは、平安時代後期に鉄生産が飛躍的に拡大して価格が下がり、零細農民にまで普及したことによる（中世の鍬の価格は一五〇文ほど）。

古代には牛馬は高級品であり、役畜の所有はやはり富豪層以上に限られていた。それが平安後期には、有力農民の名主層が役畜を所持するようになり、さらに鎌倉後期には、一

図2　風呂鍬をもつ農人（「三十二番職人歌合」より）

般百姓まで広がった。牛馬の生産量が増えて、庶民でも手が届くようになったのである（中世の牛の価格は一〜二貫文ほど）。

讃岐《さぬき》国美貴《みき》郡の郡司が亡妻の生前の悪行を贖《あがな》うために東大寺に牛七〇頭・馬三〇疋《ひき》と墾田二〇町を寄進したという説話が、平安初期の『日本霊異記《にほんりょういき》』にみえる。古代には、豪族・寺院や富豪層が大量の農具と役畜を所有し、農業経営をおこなった。古代の水田稲作は、農家経営ではなく、国家・豪族や大経営が主役であった。

大開墾時代の農業

中世成立期の大開墾時代には、荒廃した耕地の復興と未開地の開拓が精力的におこなわれた。この時代の耕地条件と農法をみてみよう。

一一世紀初頭ごろの大洪水による河川の流路変更で荒廃した筑前国碓井封《うすいのふう》では、力強く荒地の再開発がすすんでいた。延久《えんきゅう》元年（一〇六九）の段階では、総田数一五一町四反二〇三歩のうち、見作田《げんさくでん》（現作田）八六町七反、荒田六四町七反二〇三歩となっていた。現作率は五七％と低いが、これは平安時代後期における所領の現作率の平均値に近い。

康和《こうわ》四年（一一〇二）の東寺領丹波《たんば》国大山荘《おおやまのしょう》の立券《りっけん》目録によると、総田数八九町余のうち、見作田が四四町余、年荒《ねんこう》が二六町余、常荒《じょうこう》が一八町余あった（現作率五〇％）。また、総畠数七四町八反余のうち（畠は全耕地の四五％）、現作六三町八反余、荒《あれ》一一町余で、現作率は八五％と、畠のほうは現作率が高い。所領ごとに立地条件が違うので数値はいいにくいが、一般論としては、後の時代と比べると、全耕地中にしめる畠の比率が高いこと、畠のほうが現作率が高く安定的であることが指摘できる。

年荒・常荒は古代・中世特有の農政用語である。常荒は長年耕作されていない再開発予定地、総田数の三割をしめる年荒（片荒《かたあら》し）は、その年だけ耕作されなかった既墾地を意味する。耕作率が低く、しかも良田が少なく悪田が多いのが、この時代の特徴である。灌漑用水や地力の不足により休耕せざるをえない不安定耕地が大量に存在しており、用水の調整や地力の回復を目的に、見作田や年荒田のなかから年ごとに耕作の適地を選び直すといった、比較的粗放《そほう》な農法がおこなわれたとみられている。同時代の実例には恵まれないが、中世史家の峰岸純夫が紹介した近代の大山荘西田井《にしたい》村の事例が参考になる。地形的に水の乏しい同村では、水不足の緩和と土地改良を目的として、古くから「ほり」と称して三、四年に一度水田を畑として利用し、大小豆・山芋等を栽培した（『中世荘園公領制と流通』第六章）。豆の栽培は土壌の窒素含有量をあげ、水稲の収穫量を高める。中世初期の越後国石井荘でも水田に畑作物を作った例があるが、おそらく同様の効果を狙ったのだろう。

一一世紀中期の『新猿楽記《しんさるがくき》』は、「大名田堵」田中豊益《たなかのとよます》の姿として農業経営の理想像を描いている。出羽《でわ》権介《ごんのすけ》（出羽国の次官の権官《ごんかん》）の官途を帯するが、専業の農業者とされる。

豊益は「暗に腴《こ》え迫《や》せたる地を度《はか》りて馬杷《まぐわ》・犂《からすき》を繕《つくろ》ふ」とあるように、優秀な農具を所有して、土地の厚薄を見極めて毎年耕作地と不耕作地を選び直すといった、広い耕地を粗放に利用する農法をおこなった。さらに彼は、周到に灌漑整備や農作業をすすめ、田地には早稲《わせ》・晩稲《おくて》・粳《うるち》・糯《もち》を作って収穫は毎年増加し、畠には麦《むぎ》・大豆《だいず》・大角豆《ささげ》・小豆《あずき》・粟《あわ》・黍《きび》・稗《ひえ》・蕎麦《そば》・胡麻《ごま》を蒔いては無数に実ったとされる。この記述は、厳しい耕地状況に対応してそれに立ち向かう、当時の農民の技術水準の高さをうかがわせる。

前節の終わりで、古代末期の農業では、耕作農民を精勤させるインセンティブが欠如しており、農民は勤勉ではなかったと予想した。私がそう考えた理由は、地主と耕作者の雇用形態の時代差にある。

請負制の成立

中世以降の地主制では、耕作者は地主に借地料を支払って農耕をおこなう小作人であるケースが主流となった。この小作人は、一般に自営農民であった。地主と小作人の雇用関係は請負契約にあたるが、さらに中世の場合には、領主と百姓の関係も一種の請負契約と理解しても大過ないだろう。ここでは、小作人は一任されて耕作を引き受け、決まった地代を地主に納めた。小作人は農地を継続して耕作することを認められ、地主に借地を安易に取り上げられることはない。また、地代が固定化していたので、収穫が伸びれば増加分は小作人の収益になった。こうした小作人の立場は、彼の農地への投資と耕作意欲をかきたてた。中世以降、反収《たんしゅう》（一反あたりの収穫量）が大幅に上昇したのはこれによる。

古代の農業では、一年契約で耕地を賃貸にだす賃租《ちんそ》や労働者を雇用する直営方式で経営がおこなわれ、請負制は存在しなかった（西谷『日本中世の所有構造』第二編第一章）。請負制と雇用労働力による直営制は対照的だが、実は、前者は後者の変形として生まれた。後者では、労賃を支払い、地主が全経費を負担する代わりに、全収穫を地主が取得したのに対して、典型的な請負制では、労賃の支払いはなく、耕作者が経費を負担する代わりに、収穫は耕作者の所有物とみなされた（そこから地代を地主に払う）。九世紀後半ごろ、後者において地主の支出を減らして耕作者の取り分を増やす方式が現れ、一〇世紀ごろ、その延長線上に正反対の特徴をもつ請負制が成立したとされる。請負契約を結んだその耕作者とは、力田や田堵とよばれた、元手となる資本や労働手段の牛馬・農具を蓄えた有力な農業経営者たちであった。

一方、古代末期には、一般農民の小規模経営は不振に喘《あえ》いでいたらしい。大経営が財力に物をいわせて農繁期に田夫をかき集めたので、百姓の田植えに支障が生じていたという。また、百姓が自作に窮して口分田を大経営に貸しだす、逆小作《こさく》のような現象も起きていた。有名な伊賀《いが》国の猛者《もさ》藤原実遠《ふじわらのさねとお》は、いささか大袈裟ではあるが、郡ごとに田屋《たや》を立て国内人民をみな従者として従わせて佃《つくだ》（直営田）を充て作らせたと語られる。種籾の準備に事欠き、満足な生産手段をもたない一般の農民は、生産手段を豊富に所有する富豪層や有力田堵らの支援に頼らざるをえず、大経営に対しては、安い労賃で使役される農業労働者の地位を甘受するほかなかったのである。

放浪から定住へ

鎌倉人の生活世界

鎌倉時代の在地社会

放浪から定住へ

平安後期には、不作率が高かったうえに、灌漑用水や地力の不足により、年によって休耕せざるをえないような不安定な耕地が大量に存在していた。農業は粗放的であった。開墾可能な土地が豊富だったのに対して人口が少なく、労働力の誘致をめぐって領主間の競争は激しかった。当時の田堵《たと》（農民）と領主は、一年契約の請作《うけさく》関係を基本としていた。人々は、よりよい働き場を求めて放浪することも厭わなかった。

当時の状況からすると、農民にとって転地は、短期的には正しい選択かもしれないが、長期的にみるとけして最善ではない。農業は土地利用産業であり、落ち着いて耕地に手をかけたほうが、結局のところ、実入りが大きいからである。新天地を未来の故郷と決意した人々は、放浪をやめ、腰を落として居住地の発展に力をつくした。草分けとして地域開発に従事した者とその子孫が、荘園・村落の正式な構成員として重きをおかれた。大開墾時代には、放浪が普通にみられたが、同時に定住化がすすみ、新しい村々が簇生《そうせい》したのである。さらに、一三世紀に入ると荘園《しょうえん》・所領《しょりょう》の形成運動も終わり、中世を通じて存在する地域社会の枠組みが固まる（荘園公領制《しょうえんこうりょうせい》の確立）。

荘園の領主・荘官や百姓たちは、所領内に残る荒野の開発や不安定耕地の改良に取り組んだ。灌漑体系の整備や荒野の開墾など、規模の大きい開発は領主・荘官が主導した。後の美田地帯にも微細な起伏があり、これが稲作の障害となって良田の近くに畠地や不作地が混在していた。農民は土地の起伏をならし、痩せた土地に肥料を入れて、耕地を整えた。長い年月をへた後のことであり、また、地域ごとの時差もきわめて大きいが、やがて農地にできる土地を開発しつくし、安定した耕地で集約農業を営む段階を迎える。その時期は、近畿地方では一三世紀後半から一四世紀ごろ、東国や九州ではおよそ一世紀遅れて一四世紀後半から一五世紀ごろとされている。つまり、日本列島の社会は、およそ室町時代に江戸時代に通じるような農業環境を手に入れたことになる。

鎌倉時代は、不安定な耕地で粗放農業を営んだ平安後期と安定した耕地で集約農業を営んだ室町時代の過渡期にあたる。鎌倉時代には農民の定住が一般化したが、荘内にはまだ開発の余地があったので、よそ者の農民も積極的に受け入れた。

『庭訓往来』が描く荘園

『庭訓往来《ていきんおうらい》』は、南北朝時代ごろに成立した手紙の文例集である。読み書きの教科書として室町時代から江戸時代まで広く用いられた。このなかに荘園領主が、農耕のはじまる旧暦三月初めに現地の荘官に送った書状が収められている。ちょうど本章「放浪から定住へ」で論じる農業の段階に該当するとみられるので、ここに描かれた荘園のようすを紹介しよう。

田作りは、あらかじめ洪水の年か旱魃《かんばつ》の年かを判断したうえで、田地が肥えているか痩せているかを見計らって所務《しょむ》をせよ。開墾できる土地があれば、農人を招き寄せて開発させせよ。なお、用水工事が必要ならば、土民《どみん》の役《やく》として堤防や井溝《いみぞ》を修繕させせよ。佃《つくだ》・御正作《みしょうさく》は良田を選んで百姓に割りあて、種子農料《のうりょう》を下し、鋤《すき》・鍬《くわ》・犂《からすき》などの農具を貸し与えて耕作をさせせよ。

耕地はまだ安定しておらず、年の気候を予測して、慎重に田作りをする必要があった。農民を招致して未開地を開墾せよと命じている。鎌倉時代ごろの地方荘園には、未開墾地や死亡・逃亡した者の跡地が残っており、浪人を招き寄せて農耕をおこなわせることは、荘官の功績とされた。インフラである用水路や堤防は領主の責任で建設されたが、メンテナンスは荘官の指揮のもとで百姓を動員し、労賃を支給しておこなわれた。

佃・御正作は領主・荘官の直営田であり、収穫物はすべて領主らが取得した。元来は百姓に夫役《ぶやく》（労働課役）をかけて作らせたが、やがて、百姓に田圃《たんぼ》を割りあて種籾・労賃を支給して耕作するようになった。みぎの書状は、ちょうどこの段階にあたるが、農具を貸与して百姓を援助するように荘官に指示をだしている。このころには鉄製の鋤・鍬は百姓の常備品となっていたが、こうした支援は百姓にとってやはり有り難かったのだろう。

荘園の水田稲作が不安定性を抱えている段階には、領主直営田は種籾の供給源になるなど、荘園の農業経営を支える役割をになっていた。しかし、集約農業がおこなわれる段階になると、そうした存在意義を失い、名田《みょうでん》（年貢・公事が賦課される基本的な耕地）と同質化して一般の百姓の所有地と変わらなくなってしまうことが少なくない。

中世の百姓

現在では、百姓の語は農民を意味するが、古代・中世ではそうではなかった。古代の百姓《はくせい》（「ひゃくせい」ともいう）は、中国語の原義を受け継いで一般人民（公民《こうみん》）を表した。中世には、百姓は「ひゃくしょう」とよみ、一般庶民や荘園・公領の年貢《ねんぐ》・公事《くじ》の負担者をさした。古代の荘園は、土地所有に基づく農業経営の組織であったが、一一世紀後半の荘園整理令を契機に荘園の性格が大きく変化した。古代荘園は国（地方政府）の支配をうけたが、中世荘園では、荘内における国の権限（行政権）が委譲され、領主は地域の公的支配者となった。公領とならぶ一国の行政単位となった中世荘園では、荘園領主・荘官らが行政・司法を執りおこない、百姓に対して租税として年貢・公事を賦課《ふか》した。

中世荘園の組織は、一般に「本家《ほんけ》―領家《りょうけ》―預所《あずかりどころ》―下司《げし》（地頭《じとう》）・公文《くもん》―名主《みょうしゅ》・百姓《ひゃくしょう》」と表せる。本家は大貴族や大寺社で荘園のオーナー、領家・預所は中央にいるそのエージェント（代理人）、荘官の下司・公文は現地の管理責任者、名主・百姓は荘園の労働者にあたる。中世の百姓については、古い学説では隷属性が強調されたが、今日では自由な存在と理解されている。百姓は荘地の耕作を請け負い、請作者である限りにおいて領主の支配をうけたが、自分の意志で領主との関係を解消して移住する権利をもっていた。つまり、現代の我々（市民）に通じる、中世の公民であった。

このように百姓と荘官・領主は、一面で、組織上の上司・部下の関係とみてよいが、同時に、社会的な身分格差も明確に存在していた。現場管轄者である荘官の職《しき》は、侍《さむらい》身分《みぶん》をもつ在地領主階級の者が就き、平民の百姓には固く閉ざされていた。侍は「さぶらう」という動詞が原義で、貴人に近侍《きんじ》して奉仕する者たちをいい、六位クラスの位を授けられた家系の者を侍とよんだ。侍は本来、平安中期に成立した国家的身分であり、職業的な身分呼称である武士とは別の範疇だが、武士の多くが侍だったので、おおよそ鎌倉時代ころから武士を侍というようになる。官位者の系譜に連なる侍身分の者は、名字を名乗り、騎馬を許され、身体刑や拷問《ごうもん》を免除されるといった特権を認められていた。さらに荘官になると、職人《しきにん》として肉体労働をともなう百姓並みの公事も免除された。

これに対して平民の百姓は、そうした特権に浴さず、年貢・公事を負担して社会を支える存在であった。一人では荘官に太刀打ちできないが、百姓たちが連帯すると手強い存在となった。元久《げんきゅう》元年（一二〇四）、公文と鋭く対立した東大寺領伊賀《いが》国黒田荘《くろだのしょう》の百姓は、「一人の公文と数百人の『重役』の百姓を同列にはできないはずだ」といって、公文の罷免《ひめん》を領主に迫った。百姓の立場は、自他ともに「重要な役職」と認められていた。

若狭国太良荘

本章「放浪から定住へ」と次章「中世名主の家族戦略」では、東寺《とうじ》領若《わか》狭《さ》国太良荘《たらのしょう》（福井県小浜市）が主要な舞台となる（西谷「中世名主の家族戦略」）。太良荘は若狭国遠敷郡《おにゅうぐん》にあり、南を北川に面し、北・東・西の三方《さんぽう》を山裾に囲まれた荘園で、荘域はほぼ近世の太良庄村《たらのしょうむら》に相当する。天正《てんしょう》一六年（一五八八）の検地《けんち》帳《ちょう》では、田地が五七町余、畠地が一一町余で、道は若狭の要衝小浜《おばま》に流れる北川沿いに川原大道が走っていた。仁治《にんじ》元年（一二四〇）に御室《おむろ》（仁和寺門跡《にんなじもんぜき》）の道深法親王《どうしんほっしんのう》の寄進《きしん》をうけ、本家を歓喜寿院《かんぎじゅいん》、領家を東寺とする荘園となった。この荘園では、実質的な支配権は領家の東寺が握っていた。大荘園ではないが、東寺に伝来した膨大な中世文書によって荘民の動向が詳しくわかることから、日本中世史研究では最も名の通った荘園の一つで

図3　若狭国太良荘の構成（田地の区分）

- 総田地　281.314（反 歩）
  - 不作・河成　17.000
  - 見作田　264.340
    - 除田（仏神田，荘官等の給田）　78.070
    - 定田　187.244
      - 名田
      - 一色田

面積は建長6年11月27日太良荘実検取帳目録案による．

ある。

　領主が実施する荘園内の土地調査を実検《じっけん》といい、それをもとに作成した帳簿を検注帳《けんちゅうちょう》や実検取帳《じっけんとりちょう》といった。太良荘では、建《けん》長《ちょう》六年（一二五四）領家の実検使が下され、現地の預所代・公文とともに実検をおこなった。一筆《いっぴつ》一筆の田地の面積や状況、請作者の名前を調査し、作業の終了後には、一筆ごとに合点《がってん》（圏点）を付けながら読み合わせ、百姓の承認を取りつけて結果を目録に固めた。図3には、その結果を取りまとめた実検取帳目録《じっけんとりちょうもくろく》によって、太良荘領家方《りょうけかた》の荘田の構成を示している。

　惣田地から不作地・河成地を除いたのが、実際に耕作されている見作田《げんさくでん》（現作田）である。除田《じょでん》は仏神田《ぶっしんでん》（荘内の寺社に給与した田地）や荘官等の給田《きゅうでん》からなる。寺社の祈禱は地域を守る力を認められており、仏神田はその報奨である。見作田から除田を除いた定田《じょうでん》は、税（年貢・公事）を負担する一般の田地である。定田のうち名田は「名《みょう》」（百姓名《ひゃくしょうみょう》）に編成された田地で、年貢・公事がかかる。一色田《いっしきでん》は年貢だけが賦課されたが、その代わりに斗代《とだい》（一反あたりの年貢高）が高く設定されていた。

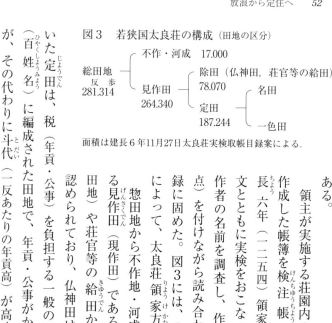

鎌倉時代の荘園の住民には、名主・小百姓・間人《もうと》などの階層が存在した。名主は自身が農業労働者であるとともに、領主から百姓名（名主職《みょうしゅしき》）を給与された正式の百姓、つまり本百姓である。百姓名の本質は徴税単位である。一般に百姓名の耕地には、領主に対して直接的に貢納義務を負う名主のほかに複数の土地所有者がいた。名主はこうした名の関係者を取りまとめて百姓名の経営にあたる。名主職を持たない小百姓は、一色田や名田の一部を請作する弱小農民だが、身分的には、名主と同じく自立した百姓とみなされた。間人は他所からやってきた浪人であるが、鎌倉時代の在地社会では必要な労働力とされ、実績をつむと荘園村落の正式な構成員と認められた。

中農の時代

表3は、建長六年の太良荘実検取帳の名請人《なうけにん》を規模ごとに集計した。当時の太良荘の農業経営は直接経営中心の段階にあった。一般論としては、中世の土地台帳からは農業経営の規模を導きだせないが、この場合には、名請人を中心とする一家の土地所有状況を示すとみてよい。

ここで特徴的なのは、①全名請人の二割にあたる上位の九名が荘の田地の八二％を握ることと、②三反未満の零細農が四五人中三一人（全名請人の七割弱）いて、農業だけでは自立不可能とみられる層が極端に厚いこと、である。三反以上一町未満の中間層は五名と少ない。そして、上位の九名はすべて名主層に属している。鎌倉中期の太良荘には、田地

表３　建長６年太良荘実検取帳の名請人

名請面積区分	人数	面積合計
		反　歩
１町以上	9	232. 120
５反～１町未満	1	7. 160
３反～５反	4	15. 160
１反～３反	12	21. 240
１反未満	19	5. 260
合計	45	282. 220

出典は，西谷2018.

の四分の一程度の畠地が存在していた。九名の所有する田地の平均は二町五反余だから、畠を含めると三町以上を専有していたとみてよいだろう。ちなみに、中世の一反は三六〇歩《ぶ》で、一歩は約三・三㎡だから一反は約一一八九㎡、一町は一〇反だから約一・一八九haの広さとなる（江戸時代以降の一反は約九九一・七㎡）。

世界的にみると日本農業は規模が小さいので、日本中世史では、二、三町規模の農家を「農民的大経営」ということがある。しかし本書では、経営規模が数十町歩の者を「大農」、数町歩の者を「中農」、独立的な小家族経営を「小農」、狭小規模の経営を「零細農」とよぶことにしたい。とすると、太良荘の名主たちは、三町程度の耕地を保有するから中農層にあたる。前章でみたように古代末期には、日本農業の歴史では見慣れない、東京ディズニーランドに匹敵するほどの広大な土地を抱え込んで粗放農業を営む大農の活躍が印象的であった。一方、鎌倉時代には、すでにそうした大農の姿はみられず、中農たちが時代の農業を牽引《けんいん》していたのである。

鎌倉時代の在地社会では、名主職を務める中農層が農業生産の中心をしめていた。中世には増産で鉄価格が大幅に下がり、零細農層も鉄製農具を所持できるようになったが、さらに有力農民である中農層は、まだ一般には普及していなかった、役畜《えきちく》や馬鍬《まぐわ》・犂《からすき》を駆使して、時代の先進的な農業経営を実践していた。農業は中世の基幹産業であったが、中世前期の農業は、まさに「中農の時代」であった。

名主の立場

農業経営の労働力

鎌倉時代の農業を牽引した中農とは、名主《みょうしゅ》であった。だが、名主家族の家族形態や農業経営を示す史料は極めて乏しい。太良荘の史料に「百姓等は、農月《のうげつ》の時（農繁期）は妻子眷属《さいしけんぞく》（妻子や親類・従者）を引《ひ》き具《ぐ》し、骨髄《こつずい》を摧《くだ》きて農業の励《はげ》みを致《いた》す」、あるいは「百姓屋敷内を割《さ》き分《わ》け、親類・下人等を据《す》え置《お》かしむ」とみえることから、名主一家は家父長制的な大家族であり、有力農民である名主層の農業経営は、家長である名主自らが農作業の先頭に立ち、屋敷内に住む妻子や親族・下人らを駆使して営まれたと考えられてきた。

一九五三年の農業機械化促進法によって農作業の機械化がすすむまでは、日本の農業は、動力を人力と役畜に頼ってきた。機械化した農業を見慣れた現代人には、そうした農業のあり方を感覚的につかみにくいところがある。人力と役畜による農業では、どれだけのマンパワーを必要としたのか。近世の農書にみえる経営モデルから考えてみよう。

紀伊《きい》国（和歌山県）出身の地方巧者《じかたこうしゃ》（農政に通じた人）大畑才蔵《おおはたさいぞう》が元禄《げんろく》年間（一六八八〜一七〇四）に著《あらわ》した「地方《じかた》の聞書《ききがき》」には、近世の有力百姓家の経営モデルが示されている。この家では、田が二町（うち一町五反で二毛作《にもうさく》）、畑が五反で耕地の合計二町五反（中世の面積で約二・〇八町）を家族と奉公人を合わせて一〇人で手作りすると設定して、農家の収支を計算する。仮定された一〇人の内訳は、家族が夫婦と成人男子一人に子供二人の計五名、奉公人は男四人と女一人の計五名で、農業労働力の主力は成人男性の六名である。作りやすいところなら、一人前の男一人で四反ほど作れるという。

上野《こうずけ》国高崎藩《たかさきはん》（群馬県高崎市）の郡奉行《こおりぶぎょう》大石久敬《おおいしひさたか》（筑後《ちくご》国久留米《くるめ》の出身）の『地方凡例録《じかたはんれいろく》』が、標準的な直系家族の小百姓家の経営モデルをあげている。所持する田畑は田四反（すべて二毛作田）、畑一反五畝で計五反五畝（中世の面積で約四・五八反）、五人家族（成人三人、幼児一人、老人一人）とする。

中農層である鎌倉時代の名主層は、自作を中心に、二、三町規模を経営した。名主一家が家父長制的大家族であるか否かはさておき、単一の核家族や直系家族で経営できる範囲を明らかに超えており、少なくとも三〜六人くらいの男手を必要としていた。

名主の職務

名主は荘園の内部組織として設定された百姓名の管理責任者であり、名の「百姓職《ひゃくしょうしき》」ともよばれた。領主がだした名主職の補任状《ぶにんじょう》（任命書）を抜粋して掲げる。

件《くだん》の国友《くにとも》を以《もっ》て、彼《か》の名《みょう》百姓職に補任せしむるところなり。仍《よっ》て限りある（定例の大事な）御年貢以《い》下《げ》恒例《こうれい》臨時《りんじ》公事《くうじ》等、先例《せんれい》に任《まか》せて、未進懈怠《みしんけたい》なく其《そ》の勤《つと》めを致《いた》すべし。この上猶《なお》御寺に向い奉《たてまつ》り、不忠不法《ふちゅうふほう》の事出来《しゅたい》においては、当名を召し放さるべきものなり。

このように名主の主たる任務は、領主に対して年貢・公事を完納することにあったが、その前提となる「勧農《かんのう》の沙汰《さた》」も職務の一環として期待されていた。勧農とは、水田稲作に不可欠な灌漑施設を整備したり、小百姓に種籾《たねもみ》を支給したり、耕地を割り振るなど、農民の経営を補完するような行為をいう。つまり、鎌倉時代の名主は納税の責任者であるとともに、荘園の現地において農業経営の基盤を整え、小百姓の営農を支援するという重要な役割を担っていたのである。

一三世紀半ばの太良荘領家方では、均等に名田二町二反を割り当てて五つの百姓名を編成した。名主たちは、名ごとに年貢米一八石六斗七升八合を納入する責任を負い、また公事も等しく負担した。おもな公事には、名別一人の賦課で計六人の長夫《ながぶ》が上京して各一五日の役を務めた京上《きょうじょう》夫役《ぶやく》、百姓の馬役《うまやく》として年貢米を琵琶湖《びわこ》北部の木津《こうつ》（滋賀県高島市）まで運ぶ木津越馬役などの夫役や、領主の勧農・収納の使節が荘家《しょうけ》に下向《げこう》した際に課された「百日房仕役《ひゃくにちぼうじやく》」などの雑役《ぞうやく》があった。その他、使者に食事を提供する「厨供《くりやぐ》給《きゅう》」もあり、こうした名主の妻女がうけもつ課役は「女公事《おんなくじ》」とよばれた。

前述したように、徴税単位である百姓名には、領主に対して直接的に貢納義務を負う名主のほかに複数の土地所有者が存在しており、名主は名に関わる独立的な諸経営をまとめて名の経営にあたる。名年貢の収納は、名主が一括して年貢を納入したわけではなく、実際に年貢を納めた各田地の百姓が返抄《へんしょう》（領収証）を受け取り、名主がそれを取りまとめて領主の進未沙汰《しんみさた》（決算）をうけたと理解されている（勝山清次『中世年貢制成立史の研究』）。なお、未進（未納）が発生した場合には、名主は名の責任者として未進分を補塡しなければならなかった。

さらに定例の業務のほかに、たとえば「罪科人が出来した時は、便宜に付けて荘内の奴《やつ》原《ばら》に預け置くのは常習である」というように、名主は犯罪者の留置も任されていたらしい。名主たる者は、荘内で起きた様々な出来事に対して適宜対応することを求められた。

荘経営の要である名主には、当然ながら、その人の「器量《きりょう》」（能力や資格）が問われた。しかし、名主であるための要件は、どうも一個人の範囲を超えていたらしい。父助国《すけくに》が失った名（助国名）を取り戻した国安《くにやす》は、かつて回復の訴訟を差し控えていた時期があった理由を、「その当時は、国安には成人した子供がいなかったので、名主職への復帰を願いだせなかった」と述懐している。つまり、忙しくて重い名主の職務をやり遂げるには、業務を補佐する成人男性の存在が不可欠だったのである。また、領主の使者に食事などを提供する厨供給は、名主一家の女性たちの大事な仕事（女公事）であった。つまり、名主の職責を果たすのにも女性の協力を必要とした。

次章「中世名主の家族戦略」でみるように、中世前期の民衆家族も、やはり小家族（核家族）による独立的な経営を基本としていた。しかしその一方で、名主一家が名主職を維持していくには、狭い範囲の家族を超える複合的な家族の協力体制を必要としていたのである。

要するに名主職とは、所領経営体の末端組織（名）に置かれた、下級荘官的な管理者の地位（職務）であった。職責が過重であったにもかかわらず、欠員が生じた際には、多くの希望者（「競望《けいもう》の輩《ともがら》」）が名乗りをあげた。百姓たちにとって名主職は、疑いなく熱望の的であった。

名主の役得

百姓がなりたがるのは、もちろん名主職の実入りが良いからだろう。しかし、具体的な内容となるといまひとつ定かではない。

鎌倉時代には、百姓の死亡や逃亡で無主地《むしゅち》（所持者がいない土地）が生じることが少なくなかった。逃亡した名主跡の土地を三人の名主が手に入れたように、名主たちは領主から無主地を優先的に任された。また、「名主職を拝領《はいりょう》の上は、小百姓等に召し付くの条、全くその科《とが》あるべからず」というように、名主は名内の無主地の配分権を事実上握っていたらしい。この権限を名主は、おそらく自身の経営拡大や息の掛かった者を優遇するために行使したに違いない。名の「脇々の小百姓」は名子《なご》ともよばれた。鎌倉時代の語源辞書『名語記《みょうごき》』が、名子を名主の「家の子（従者）風情《ふぜい》」の者と説明するように、名を管理・運営するなかで関係を深めて名主の従者になる小百姓もいた。

永仁《えいにん》四年（一二九六）ごろ、太良荘助国名の名主職をめぐって新旧の名主の熾烈な訴訟合戦が繰り広げられていた。この相論《そうろん》が、名主の職権を考える手がかりになる。

中世荘園では、勧農の一環として田地の厚薄《こうはく》に応じて異なる斗代《とだい》（一反あたりの年貢高）をあてる複数斗代制が採用されていた。太良荘では、名田の斗代を五斗から一石まで四段階に設定していたが、この制度を利用した名主の不正が告発された。名主職の回復を狙う元の名主が、現名主がすべての名田に対して一律に一石を作人たちに賦課し、本来の納税額との差額九石五斗を着服している、と領主に訴えでたのである。

名主による斗代の上増しについては、単なる不正行為とする見方もできるが、おそらくそうではないだろう。中世には、業務遂行の過程で生じる必要経費をまかなうために、あらかじめ上増しして徴収する慣行があった。日本社会では、現代でも厳密な収支決算が求められるようになったのは比較的最近のことで、悪意のない内部留保であれば容認されてきた歴史がある。

さすがに紹介したケースのように、倍額の斗代を懸けるのはやり過ぎで、その放漫さを突かれたのだろうが、ある程度の盛り増しは、名主の裁量の範囲として黙認されていた可能性が高い。名主たちは、二反分の「内免」を公式に認められていたほかに、年貢・公事を納入する過程で生じる一種の上前《うわまえ》を主要な収益としていたとみられる。

意外に不安定な立場

中農層である名主たちは、荘内の耕地の大半を握り、また荘園支配体制に連なり、在地社会の特権階級を形成していた。ここまでその点を強調してきたが、詳細にみていくと、名主の立場が意外に不安定であったことに驚かされる。表4には、逃亡事例を中心に太良荘の名主一家の動向を示した。

勧心名《かんしんみょう》の名主、通称藤追男《とうついおとこ》は数束の稲を盗み、罪科を逃れるために妻子とともに逐電《ちくでん》し、夫妻は他荘で死去したという（②）。現代の感覚では、少しの稲くらいでなにも一家で夜逃げしなくてもと思うところだが、中世社会は意外に盗みには厳しく、現行犯で殺されることもあった。時沢名《ときさわみょう》の名主時守《ときもり》も盗犯が露顕し、一家で逃亡した。時守の子時行《ときゆき》

表4　太良荘名主家の動向（逃亡事例を中心に）

□勧心名
①勧心は若僧のころ比叡山に居住．太良荘薬師堂の承仕となる．
②名主藤追男が稲盗犯で逐電，夫婦共他荘で死去．義弟勧心名主となる．
③勧心負田3町内6反60歩を上げ取られ，時安名に付けらる．
□時沢名
④正応4先名主時守盗犯重科で一家逃失．弟厳円を名主に補任．
時守嫡子時行は傍荘に居住し太良荘に出入．冤罪を主張．
⑤正安4名主厳円を解任（罪科により荘家追放），源国広を補任．
ただし得宗領になり年内に厳円復活．
⑥文保3時守の子時行が半名を回復．厳円は半名を失う．
□助国名
⑦寛喜頃領家と対立．名主3人に欺かれ助国逃亡．助国名は解体．
⑧半名名主の五郎二郎が公事を勤仕できず逐電．
□末武名
⑨名主乗蓮，越前に逃亡の後帰国．ただし本人は嫁取りのためと主張．

（法名西願《さいがん》）は傍荘の玉置領《たまきりよう》（福井県遠敷郡）に住み、太良荘にも出入りしたという（④）。時行側は冤罪を主張しているが、盗犯を理由にした荘官らの言い掛かりはよくあることだから、その可能性は低くない。さらに、助国名や末武名《すえたけみよう》でも名主の逃亡事件があった（⑦〜⑨）。太良荘領家方の七名中四名で名主の逐電・解任が検出されるのは、鎌倉時代において名主の失職がなんら珍しい出来事ではなく、その地位が決して盤石《ばんじやく》なものではなかったことを表している。

しかし、百姓もけして柔《やわ》ではなかった。勧心名・時沢名・助国名のケースでは、いずれも逃亡家族の子や孫の世代に名主職の回復に成功している。彼らは太良荘の事情に通じており、復帰の機会を窺っていた。時守一家が傍荘に逃げ込んだように、これらの逃亡家族は太良荘の近郊荘園に居住する縁者を頼り、その扶持《ふち》をうけて暮らしていたらしい。逃げた名主の子供たちは、逃亡後も太良荘との関係を維持していたようで、なかには知り合いの聟《むこ》にとられて復帰する者もいた。

浪人となった元名主家族が頼った先は、おそらくその地の名主層だろう。本節のはじめに紹介したように、名主層の者は、屋敷内に親類・下人を住まわせ、妻子・眷属《けんぞく》をひきいて農事にあたったという。屋敷内に住む親類・下人は、脇在家《わきざいけ》ともよばれた。逃亡家族のなかには、脇在家として名主屋敷内に同居し、恩人である名主家の経営を支える者もいたに違いない。その脇在家の実態については、次章「中世名主の家族戦略」で明らかにしよう。

転換期としての鎌倉後期

古代・中世の人口推計

歴史人口学にとって中世は、人口を推計するための資料が存在しない暗黒時代だといわれる。中世の人口推計はいかにも難しい。ここでは、前近代の全国人口に関する先行研究をサーベイした経済史家の高島正憲の仕事を導きとして、話をすすめていこう。

図4は高島の作図で、古代・中世の全国人口の推移を示す。七三〇年、九五〇年、一一五〇年、一二八〇年、一四五〇年はファリスの人口推計、一六〇〇年は斎藤修の近業による。ファリスは澤田吾一・鎌田元一の推計を補正して、七三〇年の人口を五八〇万（低位推計）から六四〇万人（高位推計）の範囲と推計した（上下の点線が高位推計と低位推計、実線がその中央値にあたる）。一郷あたりの人口に全国の郷数を乗じ、これに都市人口と脱

図４　古代・中世における人口の推移（730〜1600年）

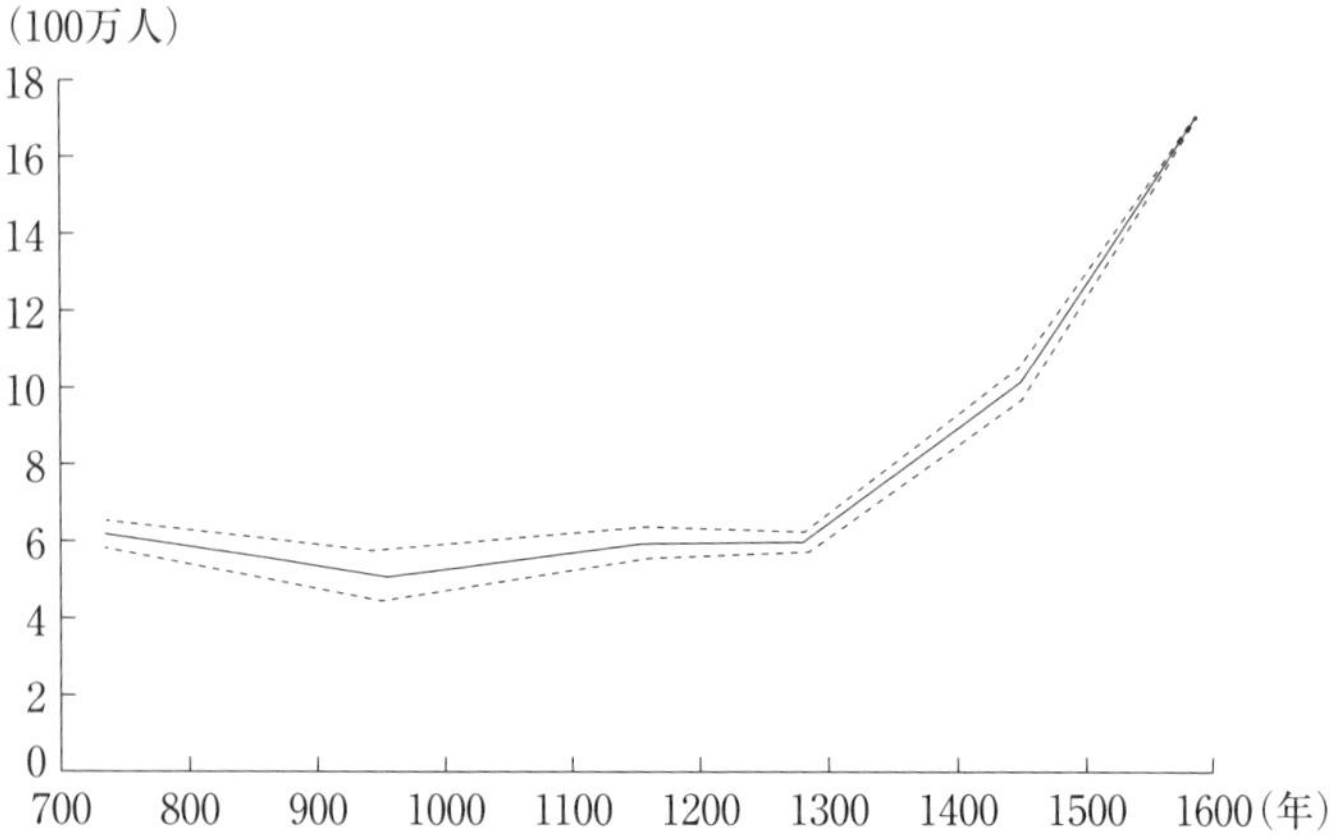

730〜1450年は Farris 推計．1600年は斎藤推計．
点線はそれぞれ低位推計・高位推計を表す．
出典は，『岩波講座日本経済の歴史　中世１』７頁．

漏人口を予想して加えた数値である。七三五年には天然痘が大流行した。出挙稲《すいことう》返却の免除率などから全国平均の死亡率を二五〜三五％と推定した。ファリス説では一五〇万人以上の人口減となるが、これに対して、それほど死亡率が高くなかったとみる説もある。

古代末期から中世にかけては、依るべき人口資料がない。一〇世紀中ごろ、一二世紀中ごろ、一三世紀後期、一五世紀中ごろをベンチ・マークに人口を推計するが、それぞれ『宋史日本伝《そうしにほんでん》』記載の課《か》丁《てい》数、『和名抄《わみょうしょう》』記載の田積《でんせき》数、大田《おおた》文《ぶみ》の田数、守護大名の軍勢数に基づく間接的な手段による推算である。困難な資料状況下での苦心の業だが、数字自体には根拠が乏しいことは否めない。ただし、人口の変動要因について多面的に検討が加えられており、また同時代史料をよんだ感覚とも平仄《ひょうそく》が合う。基本的なトレンドは外していないように思う。

一六〇〇年は、斎藤推計により一七〇〇万人とする。八代将軍徳川吉宗《とくがわよしむね》治世の一七二一年に全国規模の人口調査がはじまり、江戸時代には計一八回実施された。一八世紀初頭の人口は約三〇〇〇万人と推計されている。一六〇〇年の人口を速水融は一二〇〇万人としたが、そうすると一七世紀の人口増加率が過大になるので、歴史的諸条件や人口学的知見に基づいて、人口増加の起点を一四世紀におく斎藤の新説がだされた。古代後半から中世前半ごろまでは、農業生産力の低さや疫病《えきびょう》などのマイナスの要因が働き、人口成長は停滞的だとみられている。一方、中世後期には、耕地の安定化により農業生産力が上昇し、新しい村々が生まれた。一四世紀を人口増加傾向の起点とする理解はうなずける。

水田二毛作

日本の水田二毛作では、夏季に水稲《すいとう》、冬季に麦を作ることが多い。まずは、二毛作の史料として有名な文永《ぶんえい》元年（一二六四）の鎌倉幕府法を掲げよう。

諸国の百姓が田稲を刈り取った後、その跡に麦を蒔《ま》く。これを田麦《たむぎ》（裏作麦《うらさくむぎ》）と号して、領主らが麦年貢を徴取しているという。租税の法として適切ではない。今後は田麦から年貢をとってはならない。農民の所得とせよ。

鎌倉幕府は、領主が裏作の麦に課税するのを禁じた。この命令は瀬戸内や北部九州の守《しゅ》護《ご》宛にだされたから、当時、西日本の広い地域で二毛作をしていたことがわかる。中世では、裏作麦は非課税が原則であるが、ここでは、領主と農民がその課税をめぐってせめぎ合っている。一三世紀半ばは二毛作が普及しはじめた段階であり、ここで非課税のルールが定まったのだろう。裏作に対する農民の意欲は高く、二毛作田は拡大の道をたどる。紀伊国官省《かんしょう》符《ふ》荘《しょう》では、全水田中の二毛作田の比率が、一二七五年ごろが一三％、一三〇〇年ごろが二〇％、一三二五年ごろが二五％、一三五〇年ごろが三〇％程度と推計されている（磯貝富士男『中世の農業と気候』）。室町時代の山城《やましろ》国上久世荘《かみくぜのしょう》一帯（京都市南区）では、五〇％を優に越していた可能性が高い。兵庫県尼崎市あたりでは、稲・蕎麦《そば》・麦の三毛作もみられた。

一般に水田二毛作は、集約化に向けて発展した中世農業技術の最たるものとされ、二毛作の拡大により農業生産力は上昇したと評価されてきた。ところが、近年この通説には批判がある。すなわち、二毛作をおこなうと地力が消耗するので、肥料をほぼ自然肥料に頼っていた中世では、二毛作をおこなう地域は限られていたとする説や、逆に、裏作の拡大が負に作用して表作《おもてさく》稲の慢性的な減収に帰結したとする説である。

しかし、二毛作が拡大したことは間違いない。さらに、筆者が中世の農業生産力の動向を検討したところ、鎌倉時代後期・室町時代において水田の生産力は上昇基調にあり、水田二毛作の拡大とあわせて、中世後期には農業生産力が大きく上昇したことが確認できた（西谷「中世の農業構造」）。鎌倉時代以降、先進地域を皮切りに、用水の整備と耕地の改善がすすみ、高度な土地利用を実現する条件が次第に整えられていった。また、二毛作には限界や負の側面もあるが、農民たちはそれを乗り越える術を知っていた。農業の先進地域である近畿地方では、他の地域に一世紀ほど先んじて、一三世紀後半から一四世紀ごろに安定した耕地で集約農業を営む段階を迎えた。鎌倉後期は、粗放的な農業から集約農業に転換する画期にあたる。

民衆の主食は麦

支配者層は米を常食としたが、中世文書《もんじょ》に「作麦を以て農業を遂げるのは、諸国すべての例である」、近世文書に「麦は地下人《じげにん》の食物の第一である」とみえるように、中世・近世の庶民の主食は麦であった。『沙石集《しゃせきしゅう》』には、所領を失って貧乏になった入道法師《にゅうどうほうし》の述懐がある。「領主だった時分には、生活に事欠くことはなく、麦飯なんぞは、目に入っただけでも気分が悪くなったものだった。所領を召し上げられた今では、麦飯などは甘露《かんろ》（極上の美味）と思われる」という。米の価格は麦の三倍ほどだった。領主から転落した入道法師が麦食になったのは貧窮ゆえであり、領主層と庶民層の主食格差も根本は経済力に起因するが、おそらくそれだけではないだろう。

近世の農書「地方の聞書」から百姓の家の食事を具体的にみよう。中世には、食事は朝夕二回であったが、ここでは三回になっている。食事回数が三回になった時期については、中世後期、戦国期、近世以降とする諸説がある。回数はさておき、食事の内容は中世と同じようなものだろう。この家の構成員は一〇人で、内訳は家族が五人、奉公人が五人（男四、女二）という有力百姓の一家であった。朝夕の食事は黍粉《きびこ》の雑炊で、一〇人分で一升六合、昼食は同じく大麦五升（白麦《はくばく》で二升五合）が主食である。これに季節季節の野菜を栽培して副食にした。米を食べるのは、正月・五節句・盆・神事など年に二六日のハレの日だけである。豊かな大百姓一家で米の自家消費を倹約するのは、価格の高い米をできるだけ多く手元に残し、現金収入を確保するためであった。中世農民も積極的に米を売却しているから、同様の意図を読み取ってよいだろう。

鎌倉時代に中国から伝わった大唐米《だいとうまい》とよばれる占城《チャンパ》（ベトナム南部）原産の稲がある。大唐米（赤米）は風害に弱く、味が悪く価格が低いなど欠点はあるが、虫害・干害に強く、炊き増えすることから、一四世紀初頭ごろから西日本一帯でかなり広く栽培されるようになった。大唐米は低湿地の水はけが悪い場所、反対に屋敷地周辺や新開地など水掛りが不十分な土地に作付けされたという。これは単一の品種にしては都合がよすぎるので、異なる性質をもつ複数の外来品種が同じ名でよばれたのかもしれない。いずれにしろ、農民にとっては有り難い稲だった。

一五九六年に来日した朝鮮国の使節黄慎《ファンシン》が、大唐米について「将官の外は、皆赤米を食料とする。形はナデシコのようだが、色はもろこしに似る。ほとんど呑み込むのに堪えない。稲米のなかで最悪のものだ」と往還記に記したように、味はともかく、庶民によく食されていたらしい。民衆の主食である麦の増産や大唐米の普及は、庶民の食糧事情を改善し、人口増加にも寄与しただろう。

貨幣経済の発展

律令国家「日本」は、中国の帝国を手本として、七世紀末の富本銭《ふほんせん》を皮切りに、円形で四角い穴が空き、文字を記した銭貨を発行した。その目的は、一つは国家の体裁を整えるため、もう一つは財源確保のためであった。天徳《てんとく》二年（九五八）に皇朝十二銭《こうちょうじゅうにせん》の最後となる乾元大宝《けんげんたいほう》を鋳造するが、その後、銭貨の発行と流通は途絶えた。

中世初期には、米・絹・布が実物貨幣として使われた。米・絹・布は中世の主要な年貢でもあるが、これらが優先的に年貢に選ばれたのは、交換手段として使えたからにほかならない。都市に住む領主は、取り立てた年貢（実物貨幣）の多くを市場に投入して必要物資を購入した。中世では、当初から社会のなかで市場が重要な役割を果たしていた。

時がたち、中国貨幣を用いる渡来銭の時代を迎えた。中世における貨幣の流通は、一一

表5　太良荘百姓が支払った過料

観心	13,717文
同子藤次冠者	1,000文
時沢	4,666文
同子重弘	2,000文
同姉聟延員	2,000文
真利	3,666文
貞国	1,000文
為安	1,000文
後藤次真恒	1,000文
地頭又代官下人包久	4,000文

出典は，西谷2018.

世紀末に大陸との窓口である博多からはじまった。一二世紀半ば以降には、日本国内に渡来銭が大量に流入し、西国や畿内を中心に拡大した。表5には、寛元《かんげん》元年（一二四三）の六波羅裁許状《ろくはらさいきょじょう》から、太良荘の百姓が地頭代《じとうだい》に懸けられた過料《かりょう》（科料、罰金）を掲げた。一三貫文余りを取られた勧心を筆頭に相当な額の銭を支払っている。嘉禄《かろく》二年（一二二六）には、鎌倉幕府が「准布《じゅんぷ》を止め、銅《どう》銭《せん》を用いよ」と、銭による年貢の納入を命じている。すでに一三世紀前半には、田舎にまで銭貨が深く入り込んでいた。

さらに鎌倉後期には、年貢の代銭納が普及し、現地の市場で売却された年貢物が商品に生まれかわって流通するようになった。こうして国内の市場規模が拡大し、中世は本格的な市場経済社会に突入した。農業生産、工業生産の増大と流通経済の発展によって、一四世紀以降、日本の社会は格段と豊かになった。

ところで、この時代には、蓄財を人生の目的とする『徒然草《つれづれぐさ》』第二一七段の大福長者のような資本主義的人間が現れるが、それとはまた別次元の社会への銭の浸透ぶりも興味深い。前述したように（三七頁）、近世なら結《ゆい》（労働交換）でする作業まで労賃が決まっていた。戦国末期、イエズス会宣教師ルイス・フロイスは、ヨーロッパでは夫婦間の金銭貸借はありえないが、日本では妻が夫に高利で貸付けると驚愕している。中世前期の人間関係は、流動的で緩かった。その広い人間関係の隙間に貨幣が滑り込んで人間関係を介在するようになり、それが定着したのだろう。

非安心社会

中世社会では、「百姓の習ひは一味《いちみ》なり」といわれる。寛元元年（一二四三）ごろ、太良荘の百姓は地頭代と鋭く対立して戦い、勝訴した。この言葉は、六波羅探題《ろくはらたんだい》における相論の過程で地頭代が述べた言葉である。地頭代と戦うにあたって太良荘の百姓たちは、小百姓を含めて「一味の起請文《きしょうもん》」を書いて同心《どうしん》し、一揆《いっき》を結んだ。

「百姓の習ひは一味なり」という言葉は、あたかも村人の間に安定した強いつながりがあったかに印象づけるが、事実はそうではなかった。勝俣鎮夫によれば、中世の一揆とは、「困難な目的の達成のために特定の作法・儀礼で結ばれた非日常的な集団」であった（『一揆』）。神威のもとに結ばれた一揆の団結は強固であったが、一味の起請以前から一揆の衆が一枚岩だったわけではない。むしろ利害関係が錯綜しているなかで、矛盾や対立を抱えた者たちが共通する強敵を前にして、他の問題を当面棚上げして臨時的に結成したのが、中世の一揆であった。

鎌倉時代の社会は、依然として流動性の高い状況にあった。村人同士の人間関係のあり方も、村人全員が強い連帯意識をもつ室町時代の村社会とは全く違っていた。東寺領になる以前の太良保《たらのほ》の時代にこんな事件が起こった。

寛喜《かんぎ》年間（一二二九〜三二）ごろ、老名主助国《すけくに》と若い三人の名主を中心に、百姓たちは先例を砦《とりで》に地頭と戦っていた。「助国は老耄《ろうもう》なので、我らが上洛して訴訟をしよう」と、時沢《ときさわ》・真俊《さねとし》・勧心《かんしん》ら若い名主が助国に提案した。帰国した彼らは、助国にこう言った。「我らの訴訟は達しなかった。さらに、地頭が我らを召し籠《めこ》めようとしているという噂を聞き逃げ下ってきた。助国も隠れたほうがよい」、と。

しかし、これは三名主が助国に仕掛けた罠であった。若者たちは、年齢を笠《かさ》に着て大きな顔をする助国を日頃から疎ましく思っていたのだろう。助国の子国安の言によれば、「彼らの謀計を知らず、身を隠したところ、彼の三人が寄り合い、助国の名田畠を自名に引き入れ、家・家財道具まで一切合切を奪われる」という結末が待っていた。老名主助国は、仲間と思っていた者たちに財産を身ぐるみ奪われ、一家は故郷を失った。現代の詐欺グループならいざ知らず、村人同士の信頼関係に重きを置く近世・近代の村社会では、まずあり得ない。村社会では、そうしてえた利得よりも、信頼を失うことのマイナスのほうが、長期的にみると遥かに大きい。これはやや極端な例かもしれないが、鎌倉前期の村社会は、まだ周りの住人に簡単に心を許してよいような安心社会ではなかった。

太良荘の百姓間の相論をみると、対立の図式が変わるごとに、かつての旧敵と手を結ぶ姿をよく目にする。評価はさておき、そこにはある種の柔軟性が感じられる。また、住民の一体感はいまだしの感があるが、強敵には大同団結し、一揆を結んで対抗した。鎌倉時代の人々は、状況対応的に、社会的不確実性の高い状況を生きていたのである。しかし、こうした状況にも、早い地域では、鎌倉後期には変化の兆《きざ》しが現れる。そうした変化の先に出来た社会については、「中世は核家族だった」「中世後期の民衆家族」の章でみることにしよう。

中世名主の家族戦略

中世前期の民衆家族

民衆の生活世界

生存キョウダイ数

古代には、天然痘《てんねんとう》や麻疹《ましん》が外来の疫病《えきびょう》として猛威をふるったが、一二二四年には、麻疹はすでに小児病とみられていた。ここからマクニールは、日本社会はこうした病気に対する抵抗力を獲得し、列島の人口は、一三世紀から力強く上昇局面に移行したとみた。一方、ファリスは、天然痘・麻疹は、一二世紀中葉ごろには風土病化して致命的な感染症ではなくなるものの、外来の未知のウィルスが入れ替わるように猛威をふるうようになり、一三世紀に入っても人口増加を抑制したとする。

新種の疫病の背景には、一二世紀後半からの東シナ海交流の活発化があったとされる。当時の人々は、疫病は海外からもたらされたとみていた。藤原定家《ふじわらのさだいえ》は日記に、貞永《じょうえい》二年（一二三三）二月ごろに流行した「咳病《がいびょう》」（インフルエンザ）は「夷病《えびすやまい》」と称され、先ごろ入京した「夷狄《いてき》」（外国人）を万人がいそいそ見物にいったのが原因だと、苦々しげに記している（『明月記《めいげつき》』）。建仁《けんにん》元年（一二〇一）四月ごろ、大和《やまと》国平群郡《へぐりぐん》のあたりでは疫病が流行《はや》っていた（『鎌倉遺文』一二〇五号）。東大寺の使が華厳会《けごんえ》料米の徴収に現地に向かったところが、支払いを約束していた沙汰人の地蔵丸《じぞうまる》が、近所で病人が最近相次いででたのを恐れ、家の戸を閉ざして移住してしまい、蛻《もぬけ》の殻《から》だったという。古代の疫病ほどの圧倒的な殺傷力はなかったが、中世でも疫病はやはり恐怖され、飢饉《ききん》と重なると大量の死者をだした。なお、ファリスによれば、一四世紀には伝染病の脅威は緩和され、とくに一三八〇年以降、主だった伝染病の発生は著しく減少した。

早婚で、医療水準の低い中世は、多産多死の社会であっただろう。さらに、伝染病の影響も大きかった。近年の人口推計では、一二・一三世紀は人口がほぼ横ばいとみている。そうすると当時の民衆夫婦は、人口の再生産に寄与するまで生き延びた子供――本書では「生存キョウダイ」とよぶ――を、平均して二人くらいしかもてなかったことになる。

太良荘《たらのしょう》では、助国《すけくに》名の三兄弟のようなケースがある一方で、かなりの有力者でも家族に恵まれない者がみうけられる。出羽房雲厳《でわのぼううんげん》は、太良荘の開発領主の子孫で、末武《すえたけ》名の名主《みょうしゅ》であった。寛喜《かんぎ》年間（一二二九～三二）のころ、九九歳ともいわれる高齢で没したが、彼の子供は遠くに嫁いだ娘一人だけだった。勧心《かんしん》名の名主勧心は、壮年時には男女二人の成人した子供がいたが、晩年は、子供に先立たれ孤独の身となっていた。中世史料では、夫婦の子供数は断片的にしかわからないが、鎌倉時代については、生存キョウダイ数が二人程度というのは、経験的にいって案外よい線をついているように思う。

分割相続か単独相続か

中世では、分割相続が社会のルールであった。義絶《ぎぜつ》（勘当《かんどう》）しない限り、親は子に財産を譲る義務があった。子は相続の権利を有するかわりに、孝養《きょうよう》（孝行・没後の供養）を求められた。そして、実子に加えて養子も相続人とされ、相続する代わりに同様の義務を負った。

『沙石集《しゃせきしゅう》』に単独相続に切りかえた丹後《たんご》国の小名《しょうみょう》（小規模な在地領主）一家の話がでてくる。男子が八人、女子が少々いた子沢山だった。やり手だった父親は、当時の武士家族の相続規範にしたがい、嫡子（長男）から弟に段々減らしながら子供たち全員に財産を譲ろうとした。しかし父の没後、嫡子はこう細かく分けたのでは、宮仕《みやづか》えも叶い難く、家が衰えてしまうと考えた。そこで彼は、家のために器量のある五郎殿（五男）に全財産を継がせ、他の者は五郎殿に養ってもらおうと提案し、兄弟を説得して単独相続を実現したという。貴族・武士などの支配階級では、一四世紀を画期に単独相続制に移行していった。これは鎌倉中期ごろの話だからかなり早いが、相続制度が変更された理由がよくわかる。家の勢力を維持するために財産の分散を避けたのである。

系図類から端的にわかるように、鎌倉時代には、生活条件に恵まれた支配階級では人口が増加した。一方、人口の大多数をしめる民衆層の人口は、おそらくほぼ横ばいであったとみられる。人口が横ばい、つまり、生存キョウダイ数が二に近ければ、分割相続による細分化の弊害はあまり考慮しなくてもよいことになる。また、鎌倉時代の農村では、農地の開発と改良が続けられていた。民衆に相続制度の変更を強いるような条件は、まだ現れていなかったのである。

相続と介護

当時の民衆と二一世紀を生きる現代の我々は、家族意識が意外によく似ているように思う。両者はそれぞれ、永続を望まれる家《いえ》制度の成立前と解体後にあたり、世代を超えて家を継承しなければならないという規範意識が必ずしも存在していない（もしくは弱い）。家の跡継ぎという観念がないから、兄は突出した立場ではなく、おそらく兄弟姉妹の間に権威や財産相続において明確な差別は存在しなかっただろう。私がこう考える理由には、第一に、女子に財産を譲った多くの譲状《ゆずりじょう》の存在があるが、第二に、確率的に女キョウダイだけの家族も二割はあったはずだからである。こうした家族状況のなかでは、男の子ばかりを大事がっているわけにはいかない。

詳しくは次章以下でみるが、中世民衆の家族は、夫婦と未婚の子が同居する核家族だった。結婚すると、成人した子は親と別居して一家を構える。そして片親が死ぬと、残ったもう一方の親は子供夫婦と同居した。当然、老いた片親の面倒は同居する夫婦がみることになる。しかし、生存キョウダイの平均数が少ない当時の家族では、老後の面倒をみてくれる子がいない事態もかなりの頻度で現れただろう。

雲厳と勧心の遺産は、同居していた異姓他人の者が相続した。中世の財産相続制では、血縁関係を基準にした相続が基本原則だから、甥姪などの近親者を差し置いて異姓他人への譲与はイレギュラーなことである。しかしながら、疫病の脅威と向き合っていた中世前期の社会では、たとえ異姓他人であっても、老人の日常生活を助け、最期を看取り、追善供養を執りおこなう者は、正当な相続人とみなされた。孤独な老人の介護という社会的な要請が、必要な新ルールを成立させたのである。ただし、こうした恩恵に浴せる老人は、一定の財産をもつ豊かな層に限られていた。

家父長制家族説と職

中世は比較的に女性の地位が高い時代といわれるが、名主層の家族は、男性家長が強い権限をもつ家父長制家族とする説が有力視されてきた。もちろん、それには理由がある。領主の検注帳《けんちゅうちょう》は百姓の義務と権利を表す公簿だが、後家《ごけ》を例外として、これに女性が登録されることはまずない。前述した太良荘の建長《けんちょう》六年の実検取帳《じつけんとりちょう》も、名請人《なうけにん》は四五名全員が男性であった。また、女性の名主もほぼおらず、さらに、女性は名主職《みょうしゅしき》にふさわしくないという声さえ聞こえてくる。このようにあげてくると、家父長制家族説はいかにももっともらしく思えてくる。しかし、実態はそうではなく、女性の地位は高かった。女性の立場は弱くないのに、いかにも男性優位であるかにみせる要因は、中世社会のジェンダーとこの時代独特の権利関係からきている。

職という漢字は、呉音で「シキ」、漢音で「ショク」とよみ、中世で権利関係を表す場合には「シキ」という。日本の中世社会は、職《しき》の観念を中心に社会関係が組み立てられていた。百姓や名主の地位は、百姓職《ひやくしようしき》・名主職とよばれる。中世の職《しき》は、組織内部の地位であり、「権利をともなう職務」であった。たとえば、名主職は荘園組織の地位であるから、その地位を獲得するには雇用者である領主の補任《ぶにん》（任命）をうけなければならない。また、職務上の地位だから、義務として果たすべき業務が存在するが、その一方で、権利として、職務の遂行を通じて収益を得るだけでなく、規定の職務をこなしていけば、ポストを子孫に相伝《そうでん》することを慣習として認められていた（西谷正浩「荘園制の展開と所有構造」『岩波講座　日本歴史　第八巻』）。田地の耕作権は娘にも譲られた。検注帳の名請人は男ばかりだが、実際には、彼の名請地のなかには妻女の持ち分も含まれていたのである。また名主職も、耕作権ほど一般的ではないが、女子が相続することも稀ではなかった。

中世には、激しくエネルギーを燃焼させる田地の農作業は男の仕事とみなされていた。また、名主職のほうも肉体労働を含む現場管理者的な職務であり、これも男の仕事とされ

図5　糸をつむぐ女性（『信貴山縁起』より，朝護孫子寺所蔵）

ていた。こうした認識に基づいて、女性が名主職を相続した場合には、真の所職《しょしき》所有者である女性ではなく、実際に労務にあたる女性の夫や兄弟など近親男性が表に立ったのである。逆に、女性にふさわしいとされる仕事ももちろん存在する。もとより、日本中世に限ることではないが、中世には中世社会独特のジェンダーが形成されていた。

女の仕事

様々なサービスが便利に購入できる現代社会と違って、中世には、男女の協力体制が欠かせなかった。江戸時代には、肌触り・保温性がよい木綿《もめん》が庶民の日常衣料となるが、中世は木綿以前の「苧麻《からむし》の時代」であった（永原慶二『苧麻《ちょま》・絹・木綿の社会史』）。

江戸時代には、衣服は商品として買われるようになるが、中世には、民衆の衣類は自家生産でまかなわれた。苧麻からとった繊維を糸に紡ぐ苧績《おう》みは、きわめて手間《てま》が懸かる作業であったが、一家の妻女がこの仕事を受けもった。中世の絵巻物には、田植えや夏草取りなどの一部の過程を除くと、農作業に従事する女性の姿がほとんど現れないが、これは、女性が紡績労働に時間をとられたので、女性が田地の農業労働にあまり関与できなかったことを反映している。つまり、中世には、農業は男、衣料の生産は女という分業が存在し、男女両方がそろって、はじめて一家の生活がまわった。

中世の絵画史料では、女性の姿は家や周囲の菜園にいる場面がよく描かれているという。図6は、菜園（屋敷畠《やしきはた》）で菜を摘む女性の姿である。田地の農作業とは反対に、菜園の管理が女の仕事であったことを示している。百姓の屋敷畠では、「やしき（屋敷）にハ、いも・まめをつくりて候」とみえるように、おもに日々の食材となる里芋や大豆などの蔬菜《そさい》を育てていたが、綱《つな》や紐《ひも》にするために蔓草《つるくさ》を蒔《ま》くこともあったらしい。これが近世になって衣料が商品化したことにより、女性がその生産労働から解放され、女性が農作業に本格的に参加するようになった。

中世の百姓は、畠で桑《くわ》・麻《あさ》を育て蚕《かいこ》を飼い、それを材料に女性が家庭で衣料をつくった。中世前期の名主の一家は、紡績《ぼうせき》・機織《はたおり》の道具をもち、家内で衣類を生産した。建武《けんむ》元年（一三三四）一一月二七日、太良荘の百姓の男たちが遠敷《おにゅう》市で売り物の絹片・縫小袖

図6　菜園で菜を摘む女性（『信貴山縁起』より，朝護孫子寺所蔵）

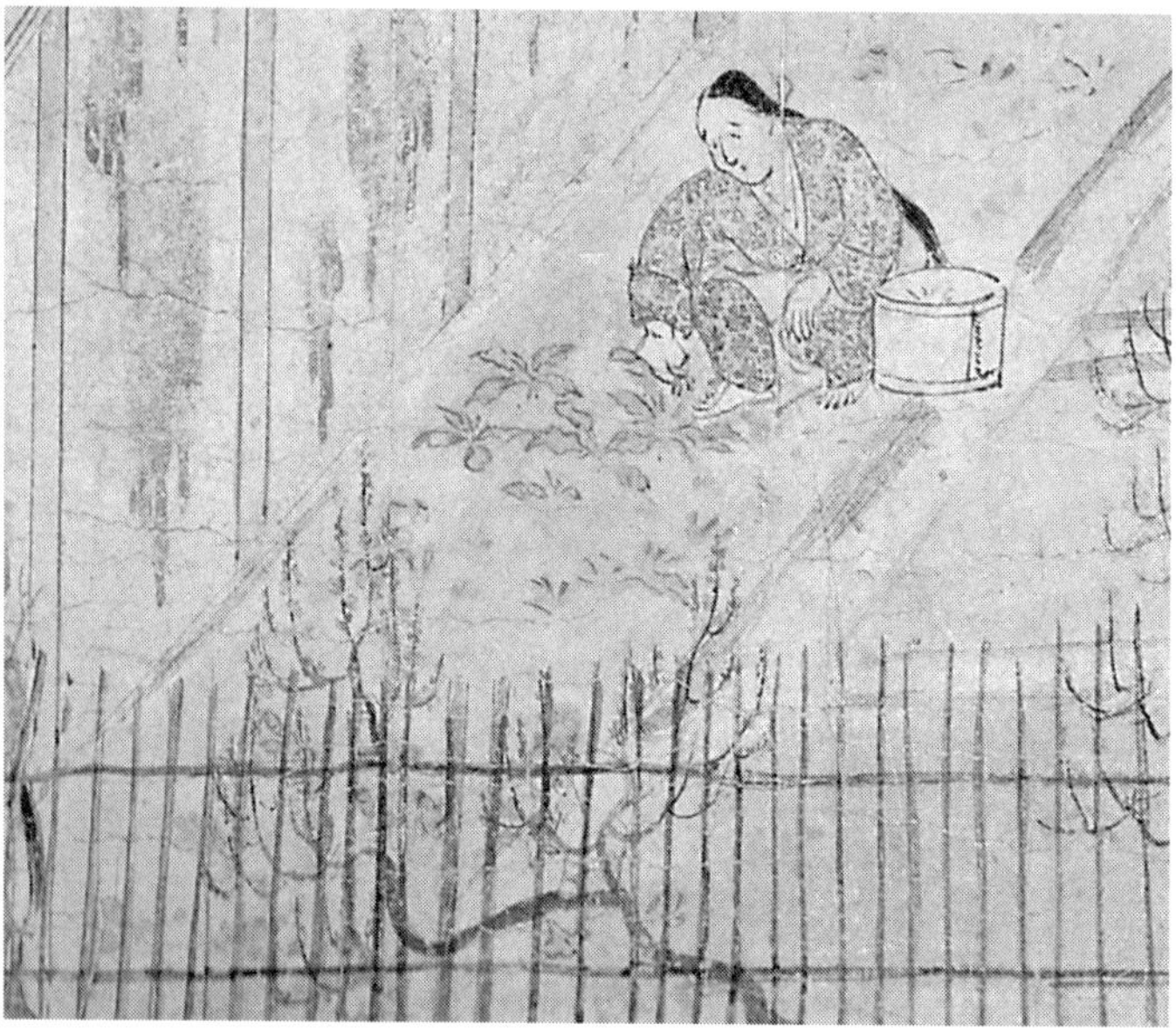

一・紺布三片・白布二片・綿五両・抽出綿一・布小袖二と刀五腰・銭三貫二五〇文を守護代の使者に奪い取られるという事件が起こった。中世史家の永原慶二は、百姓の妻たちが生産した衣類が日常的に市場で売られていたとみる。百姓の妻女が紡いだ衣料は、百姓自身の日用品であるとともに、一家の大事な収入源でもあった。

男女の分業はなぜあるのか

中世史家の保立道久が絵巻物を用いて具体的に示したように、日本中世では、水田稲作は男の仕事であり、衣料生産や菜園の農事は女の仕事とされていた。これは、男女の肉体的な条件から合理的に説明できそうだが、必ずしもそのようにはいかない民族もあるという。南アメリカのボロロ族では女が農耕をし、北アメリカのズニ族では男が農耕をおこなった。このように世界の諸民族を見渡すと、どの社会でも男女の分業は存在するけれども、仕事の割りあてようは千差万別であり、自然的条件が絶対的な決定因となっていないことは明らかである。

では、社会はなぜ男女の性別役割分業を生みだすのだろうか。これについては、人類学者のレヴィ・ストロースが的確な答えを用意してくれている（「家族」祖父江孝男訳編『文化人類学リーディングス』）。すなわち、分業があるということは、片方の性だけでは生活が完結しないことも意味している。男女の分業関係は、男女間の相互依存関係を制度化する手段であり、男女を結んで家族を形成させる強制力として機能したというのである。

日本の生涯未婚率は、二〇一五年の時点で男性の二三％、女性の一四％を超え、さらに未婚割合の上昇が続くと予想されている。非婚化の進行には様々な要因が働いているが、現代社会においては、ジェンダーの役割構造が変化して、男女の結合（結婚）が生活の完成にとって必ずしも必要条件ではなくなってきたことが大きいように思われる。

小百姓の家族、名主の家族――核家族と屋敷地共住集団

中世の百姓の家屋敷を在家《ざいけ》という。名主を本在家《ほんざいけ》、一般の小百姓を脇《わき》在家《ざいけ》ともよぶ。表6は、正安《しょうあん》四年（一三〇二）の太良荘助国名の注《ちゅう》文《もん》から百姓の屋敷地を書き抜いた。この史料は、助国名の名主国友《くにとも》が地頭殿に押領《おうりょう》されたとする田畠を領家に注進《ちゅうしん》したもので、助国名には、少なくとも九軒の屋敷があったことがわかる。

本在家と脇在家

助国兄弟の屋敷は助国名の名主屋敷で、本在家にあたる。名主屋敷の面積は四反（約四七六〇㎡）あって、家々のなかで群を抜いて広い。注文には「助国が兄弟が屋敷に候」とあるが、これは、名《みょう》の名称の由来となった助国の孫、国行・国友・正守の三兄弟が、老父国友と一緒に居住している屋敷ということだろう。名主一家の親子・兄弟は、名主職を

紐帯《ちゅうたい》として強く結びついていた。

本在家のほかに、八軒の小百姓の屋敷――脇在家がみえる。面積がわかるものは、一二〇歩（約三九六㎡）から一反一二〇歩（約一五八五㎡）の範囲にある。また、太良荘では、屋敷小免《やしきしょうめん》として家ごとに畠一二〇歩分の税（畠地子《じし》）五六文が控除されており、百姓の家地《やち》には菜園が付属していたことがわかる。つまり、大小の屋敷地があって家々が空間をはさんで建ち、その間に畠地が存在するというのが太良荘の名集落の景観であった。

暦応《りゃくおう》四年（一三四一）の太良荘の公文願成《がんじょう》と勧心名の名主禅勝《ぜんしょう》の相論《そうろん》は、当時の民衆家族の居住形態を考える手がかりになる。公文の願成が禅勝の隠畠《かくしばた》一反一四〇歩分の脱税を摘発した。これに対して禅勝は、隠畠とされたのは百姓たちに与えられた屋敷小免であって、脱税ではないと反論し、そしてその百姓は、禅勝本人と父良厳《りょうげん》、弟の六郎太《ろくろうた》郎《ろう》と七郎太郎《しちろうたろう》、所従《しょじゅう》の五郎四郎《ごろうしろう》の五名だと答えた。

表6　正安4年太良荘助国名の在家

助国兄弟屋敷	4反
そうけい屋敷	1反20歩
西かう屋敷	1反
中大夫屋敷	240歩
六郎屋敷	240歩
さねみつ屋敷	120歩
新藤太入道屋敷	
くわんにん屋敷	
伊予介屋敷	

下の3人は屋敷面積不明.
出典は，西谷2018.

一方、願成は、禅勝の返答について、これは禅勝が脱税の罪科を恐れて「一類」に屋敷小免を配分したにすぎず、父以下に屋敷小免が認められないのは当然だ、と言い返した。

相論のことなので禅勝の主張の真偽は不明だが、

これは、親子・兄弟や所従《しょじゅう》の別居が一般的でないと通用しない言い訳である。つまり、彼の発言は、一四世紀前半の太良荘では、親子・兄弟の別居――核家族的な居住形態――が広がっていたことを表している。また、願成の発言も看過できない。逆に、住み処《すか》を別にする者たちが屋敷小免を認められなかった理由は、禅勝の「一類」が個別の世帯をなしていても、独立した屋敷地を構えていない――同じ屋敷地に共住する――から、個々は屋敷小免の対象外と判断したゆえと推測できる。

鎌倉時代の名主の家族は、助国兄弟や禅勝の一家のように、広い屋敷地に四～六世帯相当の家族が暮らし、屋敷地共住集団とよべるような、親族的な協同組織を形成していたとみられる。この大家族は、具体的にどんな居住形態をしていたのだろうか。史料では、名主屋敷（本在家）内に住む「親類・下人」も脇在家とよばれたが、これは、一般の小百姓（脇在家）が独立の住居を構えたように、彼らも名主本人とは別棟で暮らしたからだろう。史料の文言から、こうした仮説が導きだせる。

名主屋敷と名集落の景観

中世民衆の居住形態に関する史料は乏しいが、最近では、考古学の発掘成果によって具体的な議論も可能になってきた。ここでは福岡県粕屋町《かすやまち》の戸原麦尾《とばらむぎお》遺跡をみよう（『戸原麦尾遺跡』Ⅰ・Ⅱ・Ⅲ）。中世前期の名集落の景観がよくわかる希有な事例である。遺跡は、足利尊氏《あしかがたかうじ》の起死回生で有名な多々良浜《たたらはま》の戦いの古戦場に近い、多々良川下流域の氾濫原《はんらんげん》（洪水時で浸水する低地）に立地し、百姓屋敷は自然堤防《しぜんていぼう》（河川氾濫の土砂が堆積した微高地《びこうち》）上にある。自然堤防の上に住居を建て、周辺の氾濫原に水田が広がるのは、当時の一般的な農村風景であった。

北部にある名主屋敷と推測される屋敷地(1)は、周囲には一辺約五〇mの溝が「コ」字状にまわり、内側の面積が約一三〇〇㎡、北西部には複数の屋敷墓《やしきばか》がある（図7）。屋敷地は一二世紀半ば以降に成立し、一三世紀後半には土塁《どるい》が廻らされた。屋敷墓には中国製陶《とう》磁器《じき》や青銅鏡《せいどうきょう》などが埋葬され、周辺の住人よりもかなり豊かだった。敷地内では合計三九棟の建物（側柱《がわばしら》建物）が検出されるが、最多のケースで五回の建て替えが認められ、同時に敷地内に存在した棟数は、時期により二棟〜五棟まで増減があったという。

ここでは、考古学者の柴尾俊介の復原案によって、五棟あった最盛期の配置図を示した。建物の面積は、ⓐ三九㎡（二×三間）、ⓑ三〇㎡（二×四間）、ⓒ一三・三㎡（二×三間）、ⓓ二一・七㎡（二×三間）、ⓔ一三・四㎡（一×三間）である（一間は建物の柱と柱の間）。最大のⓐが名主夫婦の住居と思われるが、いずれも家屋は小さく、大家族の同居には適さない。屋敷地(1)には、名主夫婦の世帯を中心に、四、五世帯の核家族が各棟で暮らしていたとみられる。

屋敷地(1)の周辺には、四軒の小建物群が存在した。小百姓の住居だろう。建物の面積は、

図7　中世前期の百姓屋敷遺構（福岡県粕屋町・戸原麦尾遺跡）

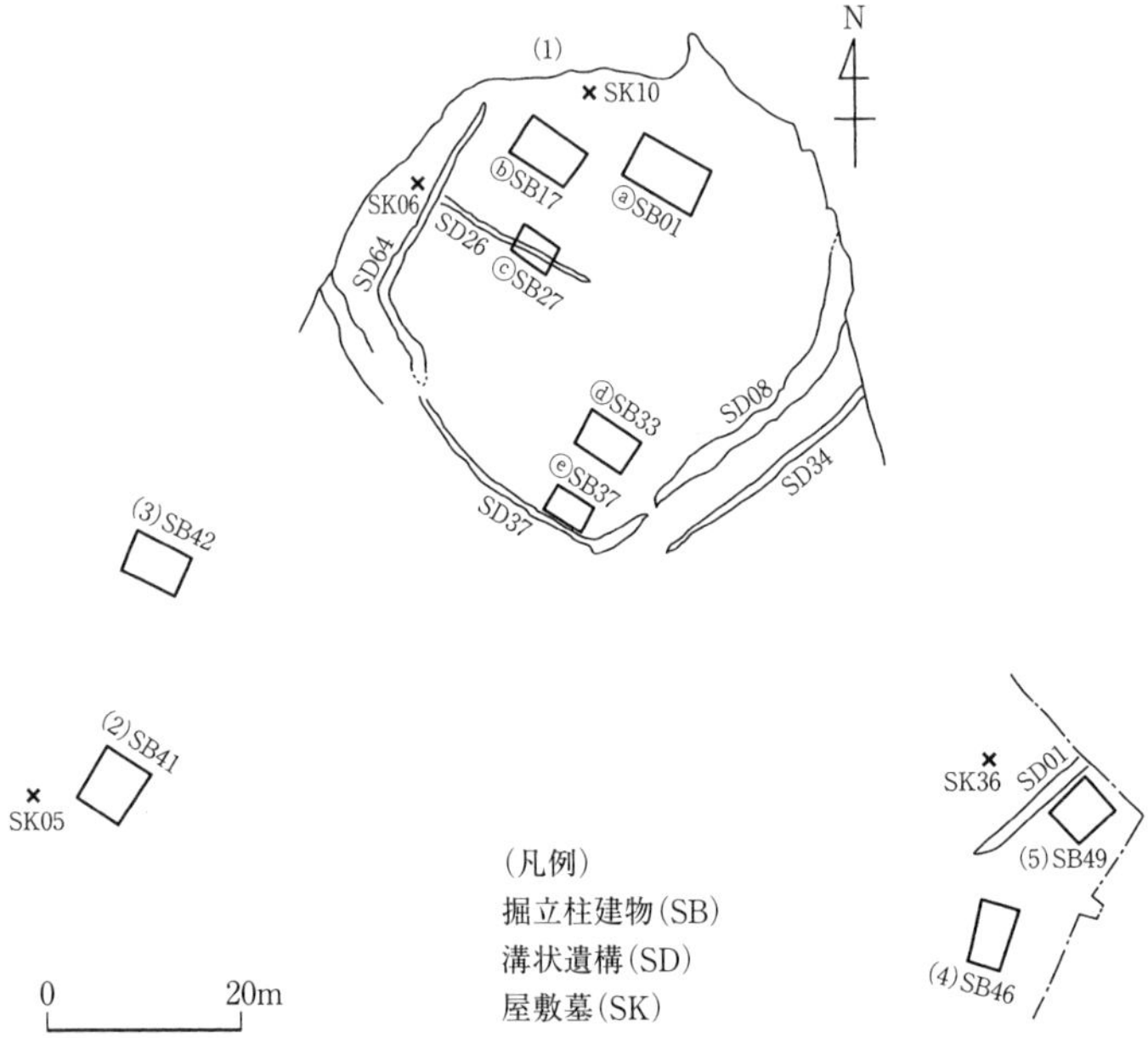

出典は，西谷2017.

(2)三三・九㎡（二×三間）、(3)二七・二㎡（三×三間）、(4)二八・八㎡（二×三間）、(5)二四・三㎡（二×三間）である。これらの建物には、(1)と違って屋敷地を外部とわける明確な区画溝は存在しない。(2)は一回、(4)は四回、建て替えられた形跡があり、超世代的な家族の居住が想定される。(2)・(5)の近辺には屋敷墓があり、(5)には青磁腕《せいじわん》・青銅鏡が副葬されていた。同じ微高地に隣接して建つ(4)と(5)は家族かもしれない。

屋敷地(1)と家屋の(2)、(3)、(4)・(5)は、それぞれ近いところで約一五〜四〇mの間隔がある。典型的な鎌倉時代の名集落は、こうした家々が散在する散村《さんそん》（疎塊村《そかいそん》）的な景観をしていた。各在家には菜園があり、名集落の家々は耕地をはさんでルーズにまとまる。百姓の屋敷地や垣内《かいと》畠《はた》の境界には、生垣《いけがき》に聖なる木である卯木《うつぎ》の木が植えられ、定住して世代を重ねた在家では、屋敷地の開発者を祀る屋敷墓をつくり、毎年四月には「家の神」の祭りをおこなった。そして、当時の村はこうした名集落の集まりとして存在していた。

一軒一軒の中世民家は概して小さく、八坪程度が平均的な規模である。二〜四坪の一室、土座敷《つちざしき》（土間《どま》だけの家）の狭小住宅も多い。土中に柱を直接埋め込む掘立柱《ほったてばしら》で腐りやすかったので、住宅寿命も一五年程度と短く、頻繁に建て替えられた。掘立柱の柱筋が一直線に通らず、平面がよく歪んでいることから、素人の仕事とみられている。名主宅とおぼしき(1)のⓐが最大だが、小百姓の家と大差ない。中世後期の村では、専門の職人によって本格的な農家住宅が建設された。一方、中世前期に立派な民家がないのは、まだ村人を顧客とする専門の建設職人がおらず、自分たちで建てたからだろう。

名主の家族

名主の家族は、溝や土塁により外部とは明確に区画された広い屋敷地のなかで、複数の核家族世帯を統合した屋敷地共住集団を形成していた。この名主層の大家族は近親者を中心に組織されたが、後述するように、非親族者もオープンに受け入れる独特の開放性を備えていた。太良荘や戸原麦尾遺跡の事例からみて、四～五世帯あたりが、名主の屋敷地共住集団の標準的なサイズと考えられる。中農層でもある名主一家の経営規模は、一人、二人の男手でとうていまかなえるものではなかった。また、多忙な名主の業務を着実にこなしていくには、信頼できる複数の働き手の協力が欠かせなかった。名主であるかないかが、大きく家族の命運を左右したから、名主一家の者たちは、家族の勢力を維持するために名主職を紐帯に強く結びついていた。

名主の大家族の絆は深いが、それぞれの核家族世帯はさらに緊密に結ばれていたらしい。「盗人の罪科は妻子に懸かるの条、傍例《ぼうれい》たり」といわれるように、この当時、盗人の罪科は、本人とその妻子だけに懸けられ、兄弟やその他の同居者にはおよばなかった。盗人とされた者は妻子とともに逃亡したが、勧心名・時沢《ときさわ》名では、逃亡者の弟が後任の名主となっている（表4〈六三頁〉）。こうした社会慣行に加えて、共住する兄弟の負債が他の兄弟に転嫁されないという慣習があり、また、地頭代の罰金も個人単位で課されていた〈表5〈七二頁〉〉。さらに、他の階層の家族や中世後期の民衆家族のあり方もあわせて考えると、居住だけでなく、食事や家計も核家族ごとに独立していたとみて間違いない。

夫婦関係を基軸とした核家族こそが、民衆社会の基本的なユニットであった。さらに、名主層では、名主の核家族を中心に、複数世帯からなる家族的集団を形成していた。名主の大家族を構成する核家族群は緊密に連帯し協力しつつも、それぞれが自立した生活を送っていたのである。

小百姓の家族

鎌倉時代には百姓の定住化が進み、小百姓にも屋敷地の所有が認められていた。考古学の知見によると、小百姓の屋敷地には、一般には一〜二棟、多い場合には三棟ほどの家屋が建てられたという。建物が複数存在する段階では、親子や兄弟・姉妹がそれぞれ夫婦ごとに各棟で暮らしていたのだろう。

鎌倉時代の太良荘の小百姓の大半は、自分の土地を耕すだけでは生活できない零細農であった。農業に関しては、日本の水田稲作では農繁期に多大な人手を要するので、中農層に臨時の労働力として雇われたり、あるいは、名田の一部を請作したりしたと考えられている。また、灌漑・堤防や道造りなどの土木工事に雇われる者もいただろう。

寛元《かんげん》元年（一二四三）の六波羅裁許状《ろくはらさいきょじょう》によると、盲目の法師《ほっし》が乞食《こつじき》（托鉢《たくはつ》）のために太良荘内を巡り歩いた際に地頭の正作田《しょうさくでん》の稲を四、五把盗み取った。間人《もうと》の大門傔仗《だいもんけんじょう》夫婦と小姨《こおば》（義妹）の住む家が盗人の法師の寄宿先であったことから、地頭代が「盗人宿《ぬすびとやど》」として夫婦と妹を捕まえて沽却《こきゃく》（人身売買《じんしんばいばい》）し、宿泊していた旅人を拘束している。おそらく住居の側に建てた小屋を一夜提供した程度のものだろうが、小百姓の予備軍である間人の大門一家は、旅人や乞食法師を泊める宿屋を営んでいた。

人口の多数をしめる零細農を単純な農民とするか、雑業民《ざつぎょうみん》とするかは見解の分かれるところだが、網野善彦がいうように、多くの兼業者や雑業民を含むとみたほうがよいだろう（『海の国の中世』）。小百姓のなかには、宿屋を営んだ者のほかに、細工・笛吹や「川人」（川船《かわぶね》を操る船人《ふなびと》）のように専門的な職能をもつ者が存在していた。さらに一四世紀ごろになると、太良荘の角大夫《たいふ》のように、時代の経済成長の流れに棹《さお》さして、小百姓のなかから才覚によって領主の倉本《くらもと》（荘園年貢物の管理業者）にまで成り上がった成功者も現れた。よくいわれるように、城下町の成立・兵農分離より以前の中世社会は、近世と比べて都市と農村が未分離な状態にあり、中世の農村は都市的な要素を備えていたのである。

身分差ではなく階級差

中世前期の荘園村落では、名主・小百姓が村落共同体を形成していたが、その組織は名主層の座（集会）による閉鎖的形態をとり、小百姓たちは村の運営から排除されていた。もちろん、在地社会で名主層が政治的・経済的に優位を占めたことについて異論はないが、ここでは、名主と小百姓の差が宿命の類ではないことを述べておきたい。一般的な概念の定義にしたがって、社会階層的な地位が生得的に決まるのを身分、競争の結果によるのを階級とよぶならば、名主層と小百姓層の違いは、身分差ではなく階級差にすぎなかった。

名主の地位が意外に不安定なことは、すでに述べた。太良荘では、しばしば名主の逐《ちく》電《でん》・解任がみられる。冤罪《えんざい》の疑いが濃いが、盗犯の罪を問われた名主は妻子を連れて逃亡し、近郊荘園の縁者のもとに身を寄せた。逃亡者一家を助けたのは、その地の名主だろう。開放的な名主の屋敷地共住集団は、逃亡百姓のセーフティーネットとしても機能した。

ひとたび名主職に欠員が生じると、多くの希望者が現れた。そして、太良荘勧心名の名《みょう》の名称の由来となった老名主勧心の没後、勧心名の脇在家であった小百姓の小槻重真《おづきのしげまさ》と源 守清《みなもとのもりきよ》が名主に補任《ぶにん》されたように、獲得のチャンスは小百姓たちにも決して閉ざされていなかった。弘安《こうあん》元年（一二七八）ごろ、重真らと勧心名の跡目《あとめ》を争った藤井宗氏《ふじいのむねうじ》こそ、彼らを勧心の所従とさげすんだが、太良荘の他の名主らは、重真らを自分たちの同輩として迎え入れ、重真と宗氏の相論では、勧心の姉の孫にあたる宗氏ではなく、異姓他人の重真を支持した。名主と小百姓の現実的な格差は小さくないが、両者は基本的に同じ身分に属していたのである。

鎌倉時代の百姓は、源守清のように、姓《せい》（氏名《うじな》）と実名《じつみょう》を名乗った。平安時代の貴族社会には、氏姓の冒称《ぼうしょう》（他人の姓氏を名乗ること）には厳しい規制があったが、鎌倉時代の在地社会ではそうした規制はみられない。百姓の姓は、貴族の系譜とは全く関係なく、在地社会において近しい系譜関係（同族）を表示したり、自らを大きくみせたりするために、一種の方便《ほうべん》として用いたのだろう。助国名の名主一家は、源氏《げんじ》姓を名乗ったが、六人部《むとべ》や守部《もりべ》とも称している。また、鎌倉時代には実名の公称にも制限はなかったらしく、たとえば建長六年（一二五四）の太良荘実検取帳では、名主層の者に限らず、小百姓のなかにも真安《まさやす》・国貞《くにさだ》など実名が散見される。

室町時代の百姓は官途成《かんとなり》して官職名《かんしょくめい》を名乗ったが、百姓が官途を名乗ることは、鎌倉時代にすでにはじまっていた。中世史家の薗部寿樹によると、鎌倉時代には官職のほか大夫《たいふ》（五位の位《くらい》）・権守《ごんのかみ》などを称したが、こうした百姓の任官《にんかん》は、荘園領主や地頭・荘官らが官途を与えたものであり、補任に際しては任官料が徴収された。小百姓も任官の対象外ではなく、太良荘の小百姓のなかにも押領使《おうりょうし》や俊士《しゅんし》（文章生《もんじょうせい》の称号）・傔仗《けんじょう》（辺境の護衛武官）を称する者たちがいた。これも名主層と小百姓層の間に本質的な身分差がなかったことの現れと理解してよいだろう。

名主の家族戦略

開放的な屋敷地共住集団

鎌倉期の荘園村落は依然として流動性の高い状況にあり、村人の人間関係のあり方も室町時代や江戸時代の村社会とは大きく違っていた。太良荘助国名の老名主助国が同僚の若い名主たちに無慙《むざん》に欺《だま》されて財産と故郷を失ったように、当時の在地社会には、生き馬の目を抜くような厳しさがあり、なかなか隣人を信頼しづらい不確実性の高い社会であった。また、名主の地位をめぐる百姓間の競争も活発であった。中世の名主家族は、自らの立場を維持・発展させるべく、置かれた状況にむけて主体的・積極的に対応した。この節では、そうした名主家族の家族戦略をみていこう。

名主は器量を問われる重役であったが、これが単なる一個人の能力にとどまらず、チー

図8　勧心名関係系図

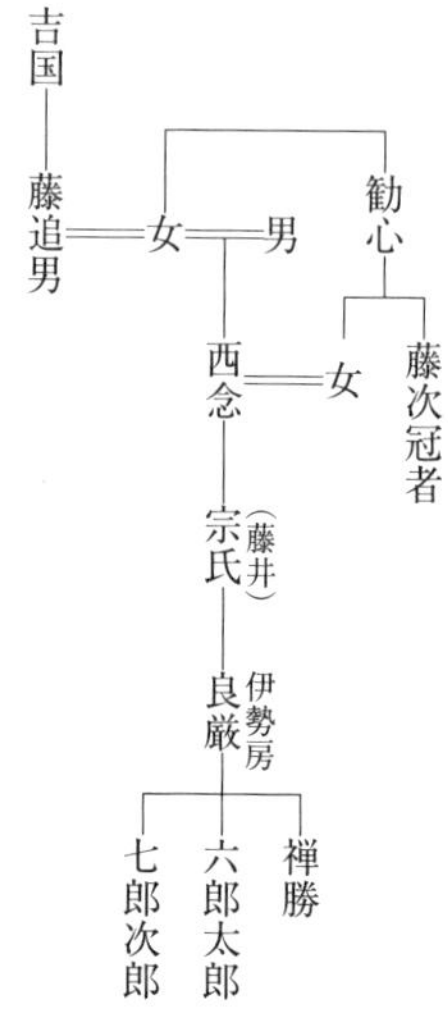

ムの力を必要としたことは、すでに述べた通りである。風強い荒波の在地社会に漕ぎ出していく、いわば船にあたるのが、名主の屋敷地共住集団であった。チームのメンバーには、もっとも近しい間柄で、全幅の信頼をおける親子や兄弟姉妹が望ましいのは言を要さない。太良荘勧心名の名主勧心のケースをみよう。勧心名の関係系図を掲げる（図8）。

勧心も壮年期には、息子（藤次冠者《とうじかじゃ》）や娘夫婦（西念《さいねん》夫婦）がいて順調にすすんでいた。前述した一四世紀前半の勧心名名主の禅勝「一類」や助国名の名主一家の「助国兄弟屋敷」からみて父系への傾斜は明らかではあるが、一般に屋敷地共住集団は、双方的な——父系・母系両方向の——近親者の世帯を中心に構成され、周縁に縁者世帯を含んでいたとみられる。しかし、晩年期の勧心は、成人に達していた肉親の息子と娘を亡くし、あえなくその道を閉ざされてしまった。

勧心が歩んだ家族再生の具体的な道程はわからないが、最後の家族については少し情報がある。どうも勧心は、自分の子をもつのには歳を取り過ぎていたらしい。豊かで孤独な

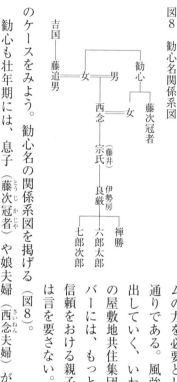

老人勧心が立場を維持するには、他人であっても縁者を受け入れ、家族的集団を創りだすしか方法はなかった。勧心の最後の大家族は、彼と小槻重真・源守清を含む異姓他人の四人の計五世帯で構成されていた。勧心の最後の一家は、屋敷地居住集団の極北《きょくほく》の姿ではあるが、この時代の名主家族が複数世帯からなる集団でなければならなかった、という厳然たる事実を教えてくれる。

昔の農村というと子沢山というイメージをもつ向きもあるだろうが、鎌倉時代の平均の生存キョウダイ数はおそらく二人くらいだった。名主層の屋敷地共住集団の適正規模が約五世帯とすると、どの一家も親子・兄弟だけで満たすことは不可能に近い。つまり、この時代の屋敷地共住集団は、必然的に異姓他人を含めて親類縁者をオープンに受け入れざるをえない構造を有していたのである。

中世前期の社会において、名《みょう》は所領支配体制の基礎をなしていた。名の管理人で、かつ在地農業の中心にある名主家族が、屋敷地共住集団を形成したことは、また領主側にとっても大きな意味をもっていた。勧心名では後継の子のいない名主勧心の跡を異姓他人の者たちが継ぎ、時沢名では逃亡した名主時守の跡を弟厳円が継承して、名の連続性が保たれた。名や在家、つまり屋敷地共住集団レベルでみると、超世代的な継続性を実現している。核家族は脆弱性・不安定性を宿命とし、分割相続の核家族社会は、直系家族社会に比して著しい社会的流動性をまぬがれえなかった。屋敷地共住集団の存在はそれに人的な厚みと安定性を付与し、領主に支配の連続性を担保したのである。

紀伊国野上荘の番頭職相論

寛元《かんげん》三年（一二四五）に紀伊《きい》国野上荘《のかみのしょう》で番頭職《ばんとうしき》をめぐって相論が起きた（『鎌倉遺文』六五一九号）。荘園の番頭の立場は名主に相当する。これについて領主から所見を問われた在地の荘官・番頭らの返答を、やや長文になるが掲げよう。鎌倉時代の名主層の家族関係や相続法がよくわかる。

野上荘下津野《しもつの》の番頭職は、恒安《つねやす》の妻の親父《しんぷ》守恒《もりつね》の先祖相伝《せんぞそうでん》の所領でした。守恒の死後は嫡男金王丸《ちゃくなんかねおうまる》が番頭職を継ぎ、金王丸の死後は守恒の嫡女《ちゃくじょ》が相続しました。しかし数年後、末正《すえまさ》の子息が、何の由緒《ゆいしょ》もないのに番頭職の補任《ぶにん》を申請し、認められて現在知行《ちぎょう》しています。非拠《ひきょ》の極《きわ》みです。守恒が死んで三年後に金王丸の母（守恒の後家）が末正と再婚して生まれたのが、この末正の子息です。末正と守恒は異姓他人です。金王丸の舎弟《しゃてい》の童（末正の子息）も同じく守恒とは異姓他人です。たとえ金王丸の舎弟でも、どうしてこの職を「氏《うじ》」でない者に譲れましょうか。その上、こうした御荘の所職については、その「氏」の物(者)として譲り与える時は、荘官らに告げて譲状《ゆずりじょう》を作成するのが、当御領の例です。しかし金王丸が死去した時には、末正の子息に譲るという話は、全く我々に披露《ひろう》がありませんでした。末正が謀略によって番頭職を掠《かす》め取《と》ったのは、恒安の妻にとって気の毒なことです。嫡男がなければ嫡女が親の跡を相伝するのが、御荘の例です。道理に任せて夫の恒安を番頭職に補任するのが、憲法の御沙汰《ごさた》だと存じます。

問題の番頭職は、故守恒の先祖相伝の所職だった。夫に先立たれた守恒の妻は、三年後に末正と結婚して一子をもうけた（図9）。先夫《せんぷ》守恒との子らを連れての再婚だろう。番頭職は守恒の実子金王丸が相続したが、金王丸が死ぬと守恒の娘（恒安妻）に譲られた。ところが実際には、末正の謀略で、守恒の血筋でない末弟の童（末正子）が番頭職を荘園領主に申請して認められていた（実際に職に補任されたのは父の末正だろう）。こういう経緯で生じた恒安と末正の番頭職相論に対して、「血筋でない者が相続するのは不正なので、守恒の血を引く嫡女に親の跡職を相続させ、夫の恒安を番頭職に補任するのが道理である」、というのが荘官・番頭らの回答であった。

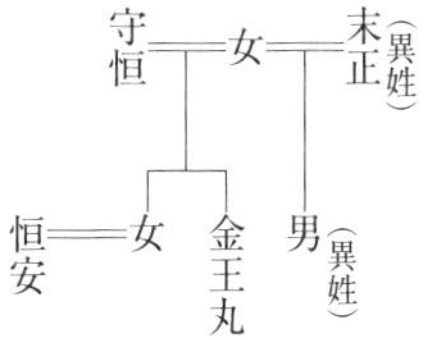

図9　下津野番頭職関係系図

先夫の財産を相続権のない後夫の子に譲ったことから起きた相論であるが、鎌倉時代には、この手の対立は財産争いの定番といって過言ではない。どの階層でもよく起きたトラブルで、御成敗式目《ごせいばいしきもく》でも亡夫の所領はその子息に譲るべきであると規定している。こうした問題が生じがちなのは、配偶者死亡率が高いことと若い寡婦の再婚が普通だったことによる。とくに中世の民衆社会は、夫婦関係に依存して生きていくほかない社会であり、独身のままでいることには大きな困難をともなった。

守恒子の金王丸と末正子の舎弟童は同母兄弟だが、父親が異姓の者だから兄弟は異姓とされる。姓は父親から受け継ぐ。父系血筋の違いをわざわざ異姓と表現したことは、民衆社会における父系傾斜の強まりを示している。さらに、「氏《うじ》」もみえる。一般に氏といえば、貴族などの父系出自集団が思い浮かぶところだが、明確な系譜知識を持ち合わせていない民衆の世界には、そうした親族集団はまだ存在しなかった。ここの「氏」は、血筋くらいの意味に解釈しておくのが適切である。

親族組織・相続・家族戦略

中世民衆の家族構造は、単婚の核家族で、分割相続を基本とした。結婚した若い夫婦は、親の援助をえやすい出身家族の近隣に住むことが多い。

中世前期の民衆家族は、核家族世帯と、核家族世帯を統合した親族組織からなる、二重構造を形成していた。後者の拡大された家族は、①それが存在しない単独世帯のみの状態から、②区画溝をもたない屋敷地に二、三世帯が居住する地点をへて、③明確に区画された屋敷地に複数の核家族世帯が屋敷地共住集団を形作る段階までに位置づけられる。おおよそ、①と②が小百姓層、③が名主層にあたる。

中世前期には、男女を問わず財産を譲られた。夫婦はそれぞれ自分の財産を所有するが、妻の所有地の名請人に夫が立ったように、その経営や家計は夫婦が共同で営んだ。父母の財産の処分は、それぞれその血筋をうけた子に相続され、義理の子には譲られない。父財と母財は独立しており、たとえ父親から義絶《ぎぜつ》されても母財の相続権は維持された。

名主一家では名主職の相続が重要である。鎌倉後期には分割するケースも増えるが、名主や番頭は荘園組織の役職であるから、本来は単独で相続するのが一般的だった。所職の相続に際しては、領主から補任をうける以前に、譲状を荘官や同輩の者たちに示して承認を取りつける慣習が存在した。所職の相続には優先順位があり、第一が男子、第二が女子とされていた。男子を女子より優遇したのは、名主職は男の仕事とみなされていたからである。女性や職務能力のない年少者が相続した場合は、実際の相続人にかわって夫や父親など然るべき成人男性が表にたって職務にあたった。

異姓の夫婦の間に生まれた子は父の姓を継ぐから、母とは姓が異なる。彼女が父親から相続した所職は異姓の子に譲られ、自然と異姓者の所有となるが、これへの忌避はみられない。同姓内に財産の留保を強制するような相続規制は存在しなかった。

核家族が生活の基礎とはいえ、名主層にとって屋敷地共住集団の存在は重要であった。名主家族の優位性の源泉は名主職にあるが、その職責は重く、職務を果たすには幅広い家族――屋敷地共住集団の協力が欠かせない。屋敷地共住集団は近親者を中心に組織されたが、必要な人手を確保するために、他人をオープンに受け入れる開放性を有した。また、名主の一家では、公的には家族の一人に財産を包括的に相続させ、内々に各人に田地を分与するという、惣領制的な財産の共同知行の存在やいとこ同士の結婚を好む傾向もみられた。これらの開放的な屋敷地共住集団の形成、惣領制的な財産の共同知行、近親婚志向は、名主家族が職を確保するための家族戦略であった。

平等な兄弟関係

いわゆる日本の家《いえ》では、家産を一括して相続する長男を惣領《そうりょう》として特別扱いした。鎌倉時代にも同じく兄の権威が強大だったとみる向きもあるかもしれないが、貴族・武士の社会でも一子だけを特別視する直系継承規範が確立したのは、ようやく一四世紀を迎えてからであった。もちろん長幼の序という観念はあったが、中世前期の民衆社会は平等主義的であって、兄弟間に権威や財産相続において明確な差別は存在しなかった。

助国名の三兄弟のケースをみよう（図10）。正安《しょうあん》四年（一三〇二）、国安と国行・国友の父子は、国安の父助国が失った助国名の回復に成功した。この際、弟国友が助国名の名主職に補任されたが、兄国行も同じく名主の仕事をこなしている。三兄弟は父親と一緒に、四反ある広い屋敷地に同居していた。おそらく、補任状はさしあたり国友名義で受給したまでであって、同じ屋敷地で暮らす兄弟が、とくに家産を分けずに一致協力して一家を盛りたてていたのだろう。しかし、父の没後と思われる文保《ぶんぽう》三年（一三一九）ごろには、兄弟は遺産を分け、それぞれが助国名の半名《はんみょう》名主として史料に現れる。

中世前期の民衆社会には、このように兄弟間に明確な差別はみられない。逆にそうした平等主義的な社会では、やはり直接的な尊属の権威がないと共有を継続していくことは難しく、自然と財産を分配して清算するほうに向かっていったのだろう。

古今東西の家族を広く分析したエマニュエル・トッドは、「平等と不平等の以前には平等の問題に対する無関心があり、権威と自由の以前には権威の問題に対する無関心があった」と述べ、古代的《アルカイック》な社会の家族の特徴として平等や権威への頓着《とんちゃく》のなさを指摘している。いま、私は「中世前期の民衆社会は平等主義的」だとしたが、より正確には、トッド流に、中世日本の民衆社会もそうした古代的性格を多分に残していて、それにこだわりをもつ以前の段階にあったとすべきかもしれない。

図10　助国名関係系図

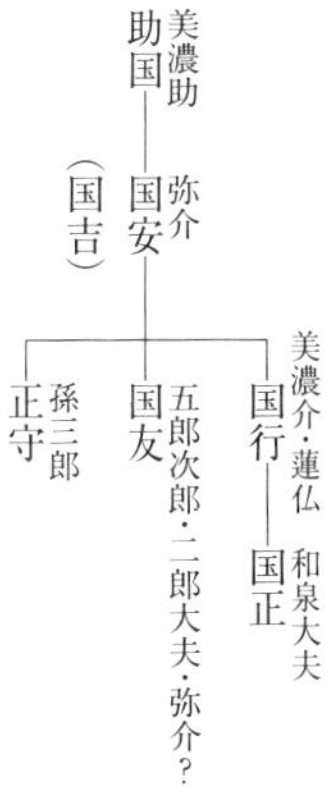

系譜を語る百姓

普通の現代人が語ることができる家の先祖といえば、なんとか三、四代前までが関の山といったところだろうか。

系譜的知識を欠く点では、中世民衆と同じく、我々もまた「祖先のない者」にほかならない。一方、武士の「氏文《うじぶみ》よみ」が象徴するように、中世の支配階級は祖先以来の系譜を極めて重視し、それを表す家の系図を相伝した。先祖を同じくする一族は同族意識をもち、戦《いくさ》においても協力しあった。武士階級の者は庶民を「先《せん》（祖先）なき下郎《げろう》」と見下した。祖先の有無が階級の分かれ目となっていた。

一四世紀前半ごろ、太良荘助国名の名主一家は様々な姓を名乗っており、やはり「祖先なき者」らしく、自身の家系に関して明確な系譜認識を持ち合わせていなかった。一家の悲願である助国名回復の相論の最中、正安二年（一三〇〇）五月、源氏を自称した国友《くにとも》は自らの系譜を記した一札を領主の東寺《とうじ》に差しだした（「東寺百合文書《ひゃくごうもんじょ》」な函四九）。冒頭を『日本書紀《にほんしょき》』にみえる聖徳太子《しょうとくたいし》の四天王寺《してんのうじ》建立の請願の年（五八七年）にかけて「聖徳太子天王寺御建立の年、丁未《ていび》の年二月廿二日より若狭《わかさ》国遠敷郡《おにゅうぐん》平荘打ち開く輩《ともがら》の次第」と始めて、「元は新武蔵守《しんむさしのかみ》源朝高《ともたか》、其子息上野介朝国《こうずけのすけともくに》、其子息周防守義高《すおうのかみよしたか》」以下、初代から先祖を列挙した末に、「其子息三乃助《みののすけ》助国、其子息弥《いや》介国吉、其子息二郎大夫《じろうたいふ》国友」とうけて、国友は自身をその二四代目とし、曩祖《のうそ》（先祖）朝高が開発して以来、平荘を代々相伝してきたと述べている。源氏の姓は平安初期の嵯峨《さが》天皇《てんのう》にはじまるから、五八七年の源朝高による平荘の開発に起点をおく系譜が荒唐無稽なことは言《げん》を俟《ま》たない。また、いくつか残る国友の文書はすべて筆跡が異なるから、おそらく彼は無筆《むひつ》だろう。祖父助国・父国吉・国友と続く実際の家系に、執筆を依頼した物書きの知識をつなげて、国友の一家は長大な系譜を創出したのである。

先祖が諸国の国司を務め、開発領主であるという系譜は、要するに自家が、平民の百姓ではなく、領主階級に属するという主張にほかならない。果たしてこの荒唐無稽な系譜が、助国名の相論に効果があったかは疑わしいが、国友や物書きが「祖先をもつ」ことの意義を高く評価していたことは確かである。もとより、名主層の百姓たちのすべてが、当時からこうした架空の由緒・系譜を創りだしていたわけではないだろうが、この事例によって、名主層の動向の一端をうかがうことは、あながち不可能ではない。

室町時代の村には、一般の平百姓《ひらびやくしよう》とは区別される侍《さむらい》身分の者（地侍《じざむらい》）が存在した。地侍と平百姓の間には明確な身分差があり、地侍層だけが、公的に名字（苗字）と実名《じつみよう》を名乗ることができた。近世大名やその家臣には地侍から成り上がった者が多いが、おおよそそれらの家々は、源平藤橘《げんぺいとうきつ》の貴種名族につながる由緒・系譜を自称する。

室町時代の地侍の多くは、鎌倉時代の名主層の後裔にあたる。鎌倉時代には、名主層は小百姓と同じく平民百姓《へいみんびやくしよう》に属していたが、新しい侍身分階層（地侍身分）が成立した室町時代には、新興の侍身分として社会的に位置づけられていた。凡下《ぼんげ》の者の成り上がりを

『文正記《ぶんしょうき》』が「農業を棄て武芸《ぶげい》を習い、系図を買い自ら侍と称す」と苦々しく書き記す。系譜関係を表す系図は侍身分の必需品とされていた。地侍身分の成立は、南北朝内乱期における国家的な軍役賦課に名主層が応じたことを直接の契機とするが、系譜の力を利用した身分の上昇をはかる動きは、鎌倉後期には、名主たちの間ですでにはじまっていたのである。

中世は核家族だった

室町人の生活世界

惣村の世界

集村化した村―山城国上久世荘

家々が密集した形態の集落を集村《しゅうそん》という。中世前期の村は散村《さんそん》であった。散村には、周囲に農地をともなった屋敷が点在する景観のタイプと、戸原麦尾《とばらむぎお》遺跡や太良荘《たらのしょう》のように、耕地をはさんで集落がルーズにまとまる疎塊村《そかいそん》のタイプがある。時代が降ると、村の特定の場所に家々がコンパクトに集まる形態に変化していった。全国的にみると集村化の時期には大きな幅がある。その画期は、畿内では一三世紀後半から一四世紀ごろ、東国や九州では一四世紀後半から一五世紀ごろと考えられている。集村化は、従来型の開発が飽和点に達した段階において、村内における土地利用の再編（高度化）をめざしておこなわれた。

図11は、一九四六年の久世《くぜ》村一帯の航空写真である。典型的な集村の景観である。現在

料金受取人払郵便

本郷局承認

4511

差出有効期間
2023年1月
31日まで

郵便はがき

113-8790

東京都文京区本郷7丁目2番8号

吉川弘文館 行

愛読者カード

本書をお買い上げいただきまして、まことにありがとうございました。このハガキを、小社へのご意見またはご注文にご利用下さい。

お買上書名

＊本書に関するご感想、ご批判をお聞かせ下さい。

＊出版を希望するテーマ・執筆者名をお聞かせ下さい。

お買上書店名　区市町　書店

◆新刊情報はホームページで　http://www.yoshikawa-k.co.jp/

◆ご注文、ご意見については　E-mail:sales@yoshikawa-k.co.jp

ご氏名《ふりがな》		年齢　　歳　男・女
〒□□□-□□□□ ご住所	電話	
ご職業	所属学会等	
ご購読新聞名	ご購読雑誌名	

今後、吉川弘文館の「新刊案内」等をお送りいたします(年に数回を予定)。
ご承諾いただける方は右の□の中に✓をご記入ください。　□

注 文 書

月　　日

書　　名	定　価	部　数
	円	部
	円	部
	円	部
	円	部
	円	部

配本は、○印を付けた方法にして下さい。

イ. 下記書店へ配本して下さい。

(直接書店にお渡し下さい)

(書店・取次帖合印)

書店様へ＝書店帖合印を捺印下さい。

ロ. 直接送本して下さい。

代金(書籍代＋送料・代引手数料)は、お届けの際に現品と引換えにお支払下さい。送料・代引手数料は、1回のお届けごとに500円です(いずれも税込)。

＊お急ぎのご注文には電話、FAXをご利用ください。
電話 03−3813−9151(代)
FAX 03−3812−3544

（注意）

この用紙は、機械で処理しますので、金額を記入する際は、枠内にはっきりと記入してください。また、本票を汚したり、折り曲げたりしないでください。

・この用紙は、ゆうちょ銀行又は郵便局の払込機能付きＡＴＭでもご利用いただけます。

・この払込書を、ゆうちょ銀行又は郵便局の渉外員にお預けになるときは、引換えに預り証を必ずお受け取りください。

・ご依頼人様からご提出いただきました払込書に記載されたおところ、おなまえ等は、加入者様に通知されます。

・この受領証は、払込みの証拠となるものですから大切に保管してください。

収入印紙
課税相当額以上
貼　付

印

この用紙で「本郷」年間購読のお申し込みができます。

◆この申込票に必要事項をご記入の上、記載金額を添えて郵便局でお払込み下さい。

◆「本郷」のご送金は、４年分までとさせて頂きます。

※お客様のご都合で解約される場合は、ご返金いたしかねます。ご了承下さい。

この用紙で書籍のご注文ができます。

◆この申込票の通信欄にご注文の書籍をご記入の上、書籍代金（本体価格＋消費税）に荷造送料を加えた金額をお払込み下さい。

◆荷造送料は、ご注文１回の配送につき500円です。

◆キャンセルやご入金が重複した際のご返金は、送料・手数料を差し引かせて頂く場合があります。

◆入金確認まで約７日かかります。ご了承下さい。

振替払込料は弊社が負担いたしますから無料です。

※領収証は改めてお送りいたしませんので、予めご了承下さい。

お問い合わせ　〒113-0033・東京都文京区本郷７－２－８
吉川弘文館　営業部
電話03-3813-9151　FAX03-3812-3544

この場所には、何も記載しないでください。

02 東京

払込取扱票

通常払込料金加入者負担

口座記号番号	0 0 1 0 0 ‐ 5 ‐ 2 4 4	金額	千 百 十 万 千 百 十 円 ※
加入者名	株式会社 吉川弘文館	料金	備考

各票の※印欄は、ご依頼人において記載してください。

ご依頼人・通信欄

フリガナ

※お名前

郵便番号 電話

※ご住所

※

〈この用紙で書籍代金ご入金のお客様へ〉
代金引換便、ネット通販ご購入後のご入金の重複が増えておりますので、ご注意ください。

◆「本郷」購読を希望します

購読開始 　号 より

1年（6冊） 1000円　3年（18冊） 2800円
2年（12冊） 2000円　4年（24冊） 3600円
（ご希望の購読期間に○印をお付け下さい）

日附印

切り取らないでお出しください。

裏面の注意事項をお読みください。(ゆうちょ銀行)（承認番号東第53889号）

これより下部には何も記入しないでください。

記載事項を訂正した場合は、その箇所に訂正印を押してください。

振替払込請求書兼受領証

口座記号番号	0 0 1 0 0 ‐ 5 ‐ 2 4 4
加入者名	株式会社 吉川弘文館
金額	千 百 十 万 千 百 十 円 ※
ご依頼人	おなまえ ※ 様
料金	日附印
備考	

通常払込料金加入者負担

この受領証は、大切に保管してください。

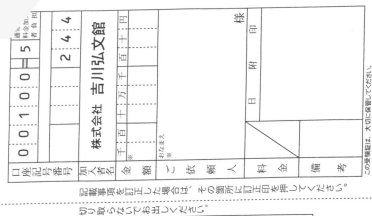

図11　集村の景観（1946年の上久世）

国土地理院・空中写真（USA-R275-A-188）から作成.

の京都市の桂川《かつらがわ》右岸のこの一帯を、中世には西岡《にしのおか》とよんだ（西岡は桂川以西の旧乙訓郡《おとくにぐん》全域と葛野郡《かどののぐん》の一部を含む包括的な地域名）。この一帯が本章の舞台となる。西岡は西日本から京都に入る交通の要衝《ようしょう》であったことから、たびたび激戦の舞台ともなった。

久世村は、明治二二年（一八八九）に、中世以来の自然村《しぜんそん》である上久世村・久世村（下《しも》久世《くぜ》村・中久世《なかくぜ》村）・大藪《おおやぶ》村・築山《つきやま》村・東土川《ひがしつちかわ》村が合併して成立した行政村《ぎょうせいそん》である。久世村は桂川が形成した沖積平野《ちゅうせきへいや》の自然堤防帯にあり、洪水が砂礫《されき》を堆積《たいせき》させて高くなった自然堤防の島《しま》に家々が密集して所在し、島の周囲には美田が広がる。写真中央あたりが上久世の集落、下側が下久世の集落である。写真左上端の密集した建物は、戦闘機のエンジンを生産した三菱重工業の工場用地（現在は自衛隊駐屯地）だが、もとはここも田圃《たんぼ》だった。

鎌倉時代の上久世は、垣内《かいと》（樹木などで囲まれた屋敷地《やしきち》）ごとに家々が距離をおいて分布する散村（疎塊村）であったが、鎌倉末期には、すでに集村に生まれ変わっていた。上久世荘は、鎌倉後期には北条氏得宗家領《ほうじょうしとくそうけりょう》であったが、建武《けんむ》三年（一三三六）に足利尊氏《あしかがたかうじ》が地頭職《じとうしき》を東寺八幡宮《とうじはちまんぐう》に寄進して東寺領となった。東寺（京都市南区）に陣《じん》を敷いていた尊氏が神前で願を立てたところ、八幡神《はちまんしん》が鏑箭《かぶらや》を飛ばして敵を敗北させたことへの報謝《ほうしゃ》と伝えられる。荘域は自然村の上久世村と重なり、東寺が一村全体の領主であった。

上久世荘は乙訓郡条里《じょうり》の一三条に所在し、幅がおよそ東西一二町・南北六町で、総面積は約七二町におよぶ（上島有『京郊庄園村落の研究』）。東寺の支配が実質的にスタートした暦応《りゃくおう》四年（一三四一）段階では、田地五五町七反余、畠地六町五反余で、耕地の総面積が六二町三反余あり、寺社地・宅地や道・用水路などの用地を除くと、水田や耕地にできるところはすでに開発し終えていた。集落の北端には、村の鎮守の蔵王堂《ざおうどう》（光福寺《こうふくじ》）があり、「京の七森」の一つとされる蔵王の森が広がる。また南端は、綾戸社《あやとしゃ》の神域が占めている。

小農の時代

中世農業の最先進地域であった大和国《やまと》では、鎌倉中期ごろの史料に「有徳人《うとくにん》（富裕な庶民）は田畠は僅《わず》かに四、五段ほどを自作する。その外は地子田《じしでん》や作半《さくはん》にだして朝夕を渡るものだ」とみえるように、豊かな庶民の農業経営は、自作分は一部に限られ、小作人《こさくにん》から加地子《かじし》（借地代）や収穫の半分を徴収する地主制が中心となっていた。このように早くから「小農《しょうのう》の時代」に足を踏み入れたところもあるが、粗放的な農業環境の克服には大きな時差があり、小農中心の時代の到来も地域によって遅速がみられる。上久世荘では、鎌倉末期ごろを画期に土地利用の高度化が実現し、集約農業の時代を迎えていた。

表7では、暦応四年の上久世荘実検名寄帳《じっけんなよせちょう》（田畠）から名請人《なうけにん》を規模ごとに整理した。

表7　暦応4年上久世荘実検名寄帳の名請人（田畠）

名請面積区分	人数	面積合計
		反　歩
5町以上	3	233. 190
2町～5町未満	5	131. 260
1町～2町未満	9	119. 310
5反～1町未満	10	74. 162
3反～5反未満	5	19. 070
3反未満	5	7. 000
合計	37	586. 012

出典は，西谷2018.

当荘の場合には、この段階では不在地主の比率は低かったので、おおよその土地所有状況を表すとみてよい。五町以上が三名いるが、いずれも荘官の一族である。彼らを含めて上位八名で全田畠の六二％をしめる。残りの三八％を二九名が分有し、そのうち二〇名が一町未満の土地所有者である。さらに、この名寄帳に現れない、土地を所有しない農民もいた。このように室町時代の畿内村落では、土地所有において圧倒的に優位に立つ土豪《どごう》的な有力者が存在し、彼らが村の主導権を握っていた。

一方、農業経営に関しては、かなり状況が異なる。そうした規模の大きい経営では、自作分の比率は小さく、人部分は中小農民に委託した小作分が中心になっていた。鎌倉時代には、直営の中農層が時代の農業生産をリードしていたが、集約農業を営む集村化した村では、小百姓《こびゃくしょう》層の経済的成長と農業環境の改善による生産性の向上をうけて、独立的な小農が村の農業の主力を担うようになっていた。

上久世では、一四世紀後半以降、土地売買によって村落外への土地流出が本格化した。図12は、一五世紀段階の地主制における農地の所有権構造を示した概念図である。当時の山城国の荘園制のシステムでは、地主のことを「名主《みょうしゅ》」、領主に対して直接的に年貢《ねんぐ》・公《く》事《じ》の納入義務を負う者を「百姓」とよぶようになった。荘園制の正規の地位ではないが、「百姓」が他人に下作《げさく》にだすと、その者は「脇百姓《わきびゃくしょう》」と称された。

下作人《げさくにん》が直接耕作者にあたる。地主と直接耕作者の間に中間請負人の作人《さくにん》層が存在したが、この作人には、村の有力農民が採用されることが多い。不在地主は、請人《うけにん》（保証人）をたてて、村人（作人）と年貢・加地子の完納を約束する契約書を作成して請負契約を結んだ。有力農民は、自身の所有地にこうした請作地が加わり、自家労働力を超える経営地を抱えていた。手に余る分は、さらに小百姓に小作にだされた。経営規模の小さい百姓は天候不順のリスクに対して耐性が弱く、年貢未納による逐電《ちくでん》もしばしば起こった。不在地主が有力農民を好んで作人に選んだのは、経営基盤の弱い小百姓（下作人）に関するリスクを中間請負人に引き受けさせるためである。作人のほうは下作人から地代をとるから、もちろん、こちらにもメリットがあった。

図12　地主制と荘園制（組織モデル）

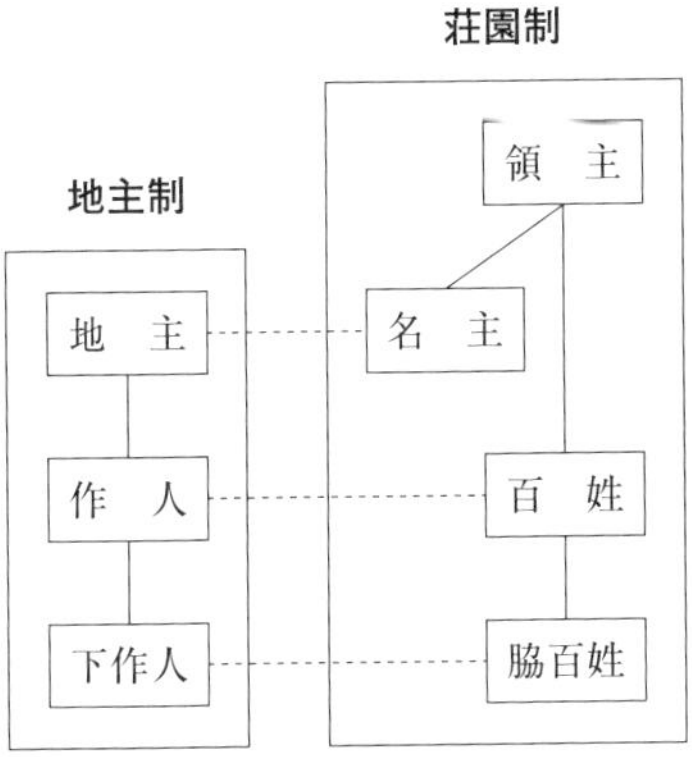

下作人が百姓として把握されるケースもある．出典は，西谷2018.

惣村《そうそん》は史料用語ではなく、学術的な概念である。史料のなかで「惣《そう》」、「惣《そう》中《ちゅう》」、「惣百姓」、「惣荘」などとよばれた中世後期の地縁的共同体を惣村と称してきた。上久世荘は近世の一村にあたるが、惣村のなかには複数の村から構成される複合村も少なくない。中世史研究では、複合的なものを惣荘、単独的なものを惣村とよびわけることによって議論の精緻化がはかられてきた。

農家経営を支える惣村

惣村は、年貢の村請の主体、自治・自力の組織として成長をとげ、小農を主力とする村の農業の再生産構造を支えた。用水は水田稲作の生命線である。上久世荘では、村の西側を西田井、東側を東田井が養った。梅津荘《うめづのしょう》前の井堰《いせき》で桂川から取水して西岡の一一ヵ村を潤わせた長大な今井用水《いまいようすい》を、上久世では西田井とよんだ（図13）。一四世紀前期ごろに建設された今井用水は、地域の水利体系を刷新し、関係する村々の農業や景観にインパクトを与えた。暦応《りゃくおう》年間（一三三八～四二）に、今井用水を利用する上久世・河嶋《かわしま》・寺戸《てらど》の三ヵ郷（村）が結んだ契約状を掲げよう（「革嶋家文書《かわしまけ》」）。

今井用水に関して、万一、煩《わずら》い・違乱《いらん》等が生じた時には、久世・河嶋・寺戸の三ヵ郷は、最もこの用水の恩恵を受けているのだから、三ヵ郷が一心同体《いっしんどうたい》し、利己心なく解決に尽くさねばならない。もしもこの約束に背く郷は、用水を打ち止める。

用水にトラブルが発生したときは、三ヵ郷が一味同心して解決にあたる、協力しない郷

図13　山城国桂川用水差図案（「東寺百合文書」，京都府立京都学・歴彩館所蔵）

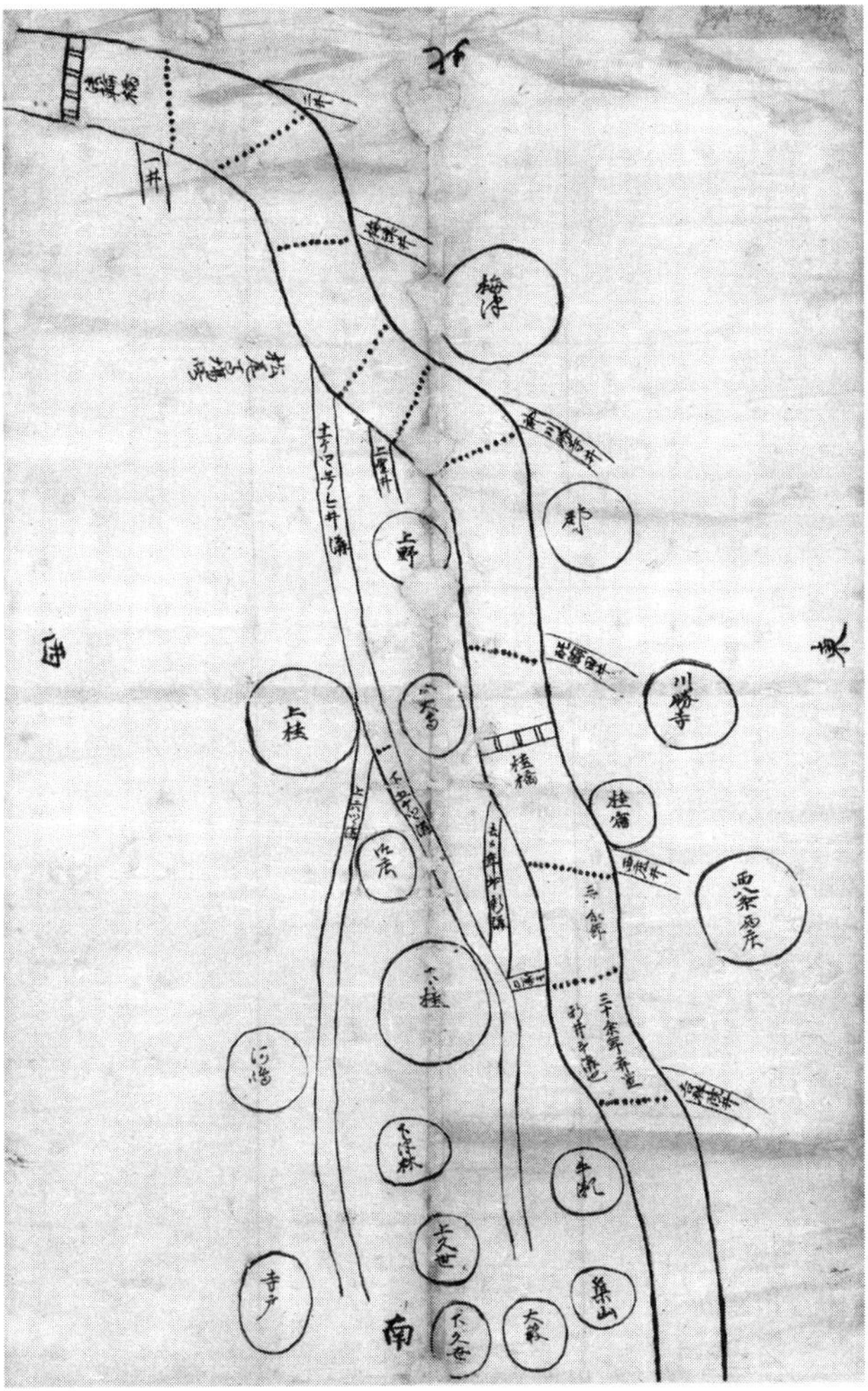

は用水を停止する、という内容である。この契約状には、上久世季継《すえつぐ》・河嶋安定《やすさだ》・寺戸親《ちか》智《とも》の三人が署名している。上久世季継とは、上久世荘公文《くもん》の舞田末継《まいたすえつぐ》のことである。三名が郷名を名乗ったのは、彼らが各郷を代表して契約を結んだことを表している。

直接的な証拠はないが、西岡地方において用水路を建設し、村内の土地利用の再編（集村化）を推し進めたのは、土豪たちを中心とする惣村とみて、おそらく間違いないだろう。中世前期には、荘園領主や在地領主が荘園のインフラ整備を主導した。一方、西岡では、すでに一四世紀の段階において、惣村や、惣村を代表する土豪たちが形成した地域的なつながりが、灌漑施設を建設・管理し、水利関係を秩序づける時代が到来していたのである。

鎌倉時代の村では、開発可能な荒地が残り、耕地の安定化も道半ばだった。名主＝中農家族は、耕作だけでなく、開発者の性格も期待されていた。しかし、村内の満作化と耕地の安定化が達成されると、開発者の存在は不用となり、中小農民の力だけで村の農業は事足りるようになる。上久世荘では、一四世紀後半には百姓名体制が崩れ、特権身分としての百姓名の名主も消滅した。

農業環境の改善で生産性が向上した中世後期の集村では、村の庇護《ひご》のもとで自立した小農が農業生産の主力を引き受ける時代を迎えていた。地侍《じざむらい》層を中心とする有力農民は、自身が農耕に従事するとともに、不在地主と村人の媒介項として管理者的な役割を担った。

また、中世前期には広範に存在した名主層の屋敷地共住集団も、こうした社会状況の変化のなかで次第に存在意義を失い消滅していった。

村の人口と村掟

長禄《ちょうろく》三年（一四五九）の上久世荘の人口は、高島正憲によって約四〇〇人と推計されている（西谷・高島「中世後期における山城国上久世荘の家族と人口」）。江戸時代の村の人口は平均すると四〇〇人程度という。中世後期の農業生産性の傾向から考えると、上久世では、人口が増えて一五世紀半ばごろに四〇〇人に達し、さらに以降も人口が増加したとみられる。上久世は他村から「大荘」といわれ、中世の村としては大きいほうだったらしい。ちなみに、一七世紀末の家数は九五軒、一九世紀末の戸数は一二〇戸、人口が六一八人であった。江戸時代の人口から推測すると、中世西岡の各村の人口は、一〇〇〜五〇〇人くらいといったところだろうか。

イギリスの人類学者ロビン・ダンバーは、霊長類の脳の大きさと群れの大きさに相関関係がみられることに注目し、ヒトの場合、円滑に安定して維持できる人間関係の規模は、認知的に一五〇人程度が上限であると提唱した。この上限数は、彼にちなんでダンバー数とよばれている。惣村は、文化人類学でいう部族社会と同じくらいの数百人規模の村人が集住して暮らす社会だった。村人はだれもが顔見知りで、見知らぬ他人はいない程度の集団の規模だが、やや微妙な人数であるともいえる。村の人口はダンバー数を超えていて、集団の安定と団結を維持するにはなんらかの装置を必要とした。惣村では、寄合《よりあい》を開いて村の意志決定をおこない、村人が守るべき村掟《むらおきて》（村法《そんぽう》・惣掟《そうおきて》）を定めた。村掟の実例をあげよう。

①寄合の触れを二度かけたのに出てこない者は罰金五〇文。
②惣より借りうけた屋敷に村人でない者を住まわせてはいけない。
③犬を飼ってはならない。
④家を売った人は三％を惣に納めよ。背いたら座を抜く（村人の地位を剝奪する）。

いずれも近江国《おうみ》の今堀《いまぼり》（滋賀県東近江市）の村掟である。村掟の内容は様々だが、①～③は、村の会合への出席義務や生活上の約束事について細かく定めている。また、④のように、家の売上税のような村独自の課税もあった。惣村では、村の運営のために村人の義務として金銭や労働が賦課《ふか》され、務めが果たせない者は座を抜かれた（未納分を払えば復帰できる）。惣村に住む村人の暮らしは、村単位の共同社会の枠によって強く規制されていたのである。

さらに、同じく近江国の菅浦《すがうら》（滋賀県長浜市西浅井町）の文明《ぶんめい》一五年（一四八三）の地下《じげ》法度《はっと》（村掟）を抜粋して掲げよう（『菅浦文書』）。

地下（村）において道に外れたことをして死罪にされたり、地下を追放されたりした者の跡をその子供に相続させるのは、穏当でめでたいことだ。先般このように掟を定めたのに、近年は厳罰に流れてきた。不憫《ふびん》の至りなので、重ねて地下の総意としてこれを一紙に認《したた》める。

犯罪で処刑されたり、追放されたりした者の子に親の跡を継がせてやろうという趣旨の法度である。惣村では、村人の自治によって村が運営されており、村の秩序を保つために同じ村人に対して死刑のような過酷な刑を下すこともあった。さらに、近隣の村と境界や用水をめぐって紛争が生じた際には、村人を動員して合戦におよぶこともあった。

地侍と平百姓、下人と作子

中世後期の村には、一般の百姓（地下分）とともに、殿原《とのばら》と称される侍身分の者（地侍）が住んでいた。長禄《ちょうろく》三年（一四五九）の徳政一揆《とくせいいっき》の際に室町幕府に提出した起請文《きしょうもん》では、上久世荘が侍分二一名・地下分八五名、下久世荘が侍分一一名・地下分五六名を数える（男性だけが署名した）。これからすると、村人のうち侍分の比率は、前者が二〇％、後者が一六％となる。侍分のいない村もあったが、一般的な室町時代の村には、両身分の者が居住し、侍人口はおおよそ全体の一～二割といったところだろうか。

平百姓の地下分と侍分の間には、出自に基づく明確な身分差があった。侍分の者だけが名字（苗字）と実名《じつみょう》を名乗ることができた。地下分はそれをもたず、仮名《けみょう》のみを称した。

上久世荘の地侍利倉孫次郎俊家《とくらまごじろうとしいえ》を例にとると、利倉が名字で、孫次郎が通称の仮名、俊家が実名にあたる。さらに、文化的な差異もみられる。自署《じしょ》のかわりに書くサインを花押《かおう》といい、文字や花押を書けないような者が用いた簡単な符号を略押《りゃくおう》とよぶ。寛正《かんしょう》三年（一四六二）の上久世荘百姓の起請文では、侍衆の全員が花押をサインしたのに対して、平百姓《ひらびゃくしょう》はいずれも単純な略押ですませている。もちろん、平百姓のなかにも識字者がいただろうが、大雑把にみれば、侍衆を識字層、平百姓を非識字層とみてよいだろう。

中世前期には、名主層は平民百姓《へいみんびゃくしょう》に属していたが、室町時代には、侍身分への上昇を果たしたのである。また、地侍層が獲得した識字能力は、彼らの渡世《とせい》の可能性を拡大した。ただし、名主から成り上がったこの新興の侍層は、依然として荘園の百姓とも位置づけられており、鎌倉時代以来の家柄を誇る本来の侍身分の家系と比べると、侍身分のなかでは一段低くみられていた。旧来からの「根本侍分」に対して、「俗姓凡下《ぞくしょうぼんげ》」（賤しい家柄）の「侍分」といわれた。

中世の村には、有力住民の下人《げにん》となる者も少なからずいた。村人どうしの主従関係は、侍・平百姓間が多いが、豊かな平百姓のなかには、同じ平百姓を下人とする者もいた。下人となる者の期待は、主人の扶持《ふち》（援助）にあった。扶持のなかには田地の給与も含まれるが、ここで強調したいのは、下人がおもに期待されたのは、農業関係の仕事ではなく、それ以外の仕事だということである。

主人から扶持を受ける見返りに、様々な所用に昼夜の区別なく召し使われる存在である下人に対して、耕作を任された自立的な農民は作子《つくりご》とよばれた。義務と権利はおおむね裏腹の関係にある。主人は下人を使役する権利をもつが、反対に、下人を扶養する義務を負うことになる。日本の水田稲作では、農繁期と農閑期で必要とする労働力に極端な差が存在する。中世後期の畿内の水田稲作地帯では、農繁期に必要な労働力を下人として常時抱え込んでおくのは、経済的にみて明らかに合理的でなかったので、当時の地主制の経営では、下人を駆使した直営ではなく、作子による請負制が広く採用されたのである。

村人たちの関係

散村段階にあった中世前期の社会は移住者に寛容であった。一方、開発の時代が終わり、集村化をとげた惣村では、村掟でよそ者が村人（むらうど、むろと）になるのを禁じたように、村人の成員権が明確化し閉鎖性を強めていた。実は、年貢を払いきれずに村を去る小百姓は少なくなかった。村の排他性が強まるなかで逐電者の運命をひそかに案じていたところ、上久世の三人の逐電百姓、与藤五・孫七・孫八が、逃げた翌年舞い戻って再び耕作地を得ている事実を発見した。年貢未進《みしん》ということで、領主の手前、ほとぼりが冷めるまで逃がしておいたのだろう。惣村は厄介者を排除する厳しさはあったが、失敗した仲間には意外に寛容だった。

侍分と平百姓の階層差に関しては、村の外と内で違った印象をうける。徳政一揆の際に幕府に提出した起請文が身分ごとに作成されたように、公的・対外的な場面での差別は明白であった。地域の用水秩序を担う交渉の場も侍分の者が独占し、平百姓は排除されていた。一方、村内の出来事を素朴にみていくと、侍分と地下分の格差は絶対的ではなく、対等に近いという印象をうける場面も少なくない。

一四世紀半ばまでは、上久世の蔵王堂《ざおうどう》の宮座《みやざ》の頭役《とうやく》は特権的な名主役であったが、室町時代には、身分の区別なく村人が平等に勤仕するようになっていた。下久世の二月四日の講《こう》は、侍身分の下司《げし》の息子、地下百姓の若者、その父親の乙名《おとな》百姓（乙名成《おとななり》をとげた者）が参加していたように、身分・階層や年齢の差異を超えて村人が交流し、相互理解を深める機会となっていた。このほか村では、連歌講《れんがこう》・伊勢講・えびす講をはじめ様々な会合の場が設けられ、芸能や講を通じて村人の交流がおこなわれていた。

領主と年貢減免交渉をおこなう村の沙汰人《さたにん》は、おもに侍分の者から選ばれた。交渉者の場で公文や沙汰人は、この程度の損免では「小百姓たちが承服しません」と、しばしば小百姓の意向を引き合いにだして免除の増額を求めた。小百姓らは農業生産の前線にたち、年貢の損免に準拠して地主に払う加地子も減免されたので、なかなか突き上げが厳しかったのだろう。沙汰人たちの言葉は単なる交渉のレトリックではなく、中世史家の高木純一

〒113-0033・東京都文京区本郷7丁目2番8号　振替 00100-5-244（表示価格は税別です）
電話 03-3813-9151（代表）　ＦＡＸ 03-3812-3544　http://www.yoshikawa-k.co.jp/

100年前の今日、
戦国や奈良時代の今日、
何が起きていた？

日本史「今日は何の日」事典

367日＋360日・西暦換算併記

吉川弘文館編集部編

〈2刷〉Ａ５判・四〇八頁／三五〇〇円　『内容案内』送呈

正確な日付に西暦換算年月日を併記し、「その日」におきた出来事が分かる日めくり事典。出典の明らかな記事を、旧暦二月三〇日を含む三六七日に閏月三六〇日を加えた日付ごとに掲載する。暦に関するコラムや付録も充実した、ユニークな歴史カレンダー。

災害と生きる中世

旱魃・洪水・大風・害虫

水野章二著

二五〇〇円

中世の人びとは、日常的に起こる災害にどのように立ち向かったのか。最新の科学的分析と古文書・古記録や文学作品から、自然の猛威が社会生活に与えた影響や人びとの対応を解明。災害への関心が高まる今、必読書。四六判・二四〇頁

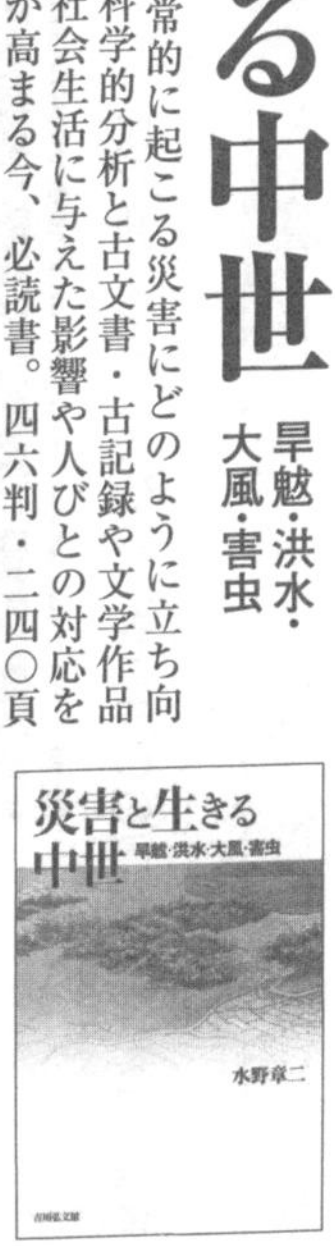

強い内閣と近代日本

国策決定の主導権確保へ

関口哲矢著

二五〇〇円

明治憲法下の内閣や首相は自身の機能を強化し、戦争の主導権を得ようとしていく。近代はこの試みと挫折の繰り返しであった。近代内閣の行った強化策を制度や組織運営から総括し、現代政治の課題解決の糸口を探る。四六判・二六四頁

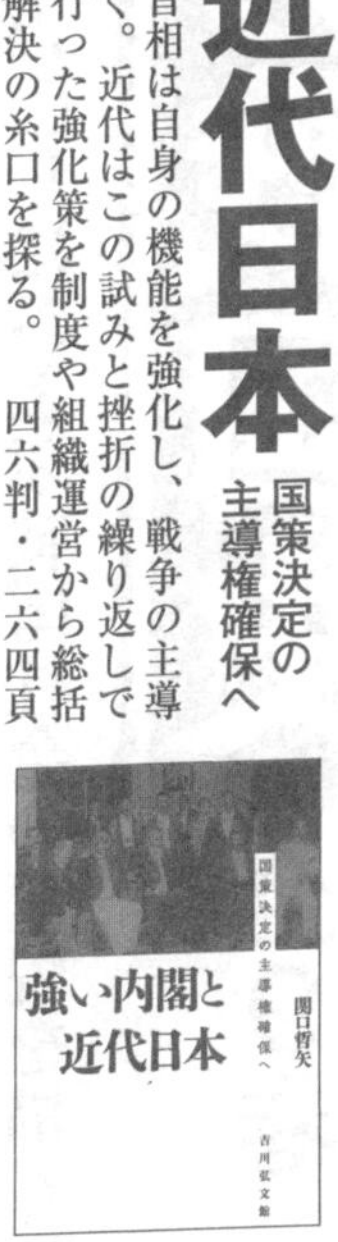

が論じたように、実際に小百姓の意向が無視できなかったことの現れとみなければならない（「東寺領山城国上久世荘における「荘家の一揆」と損免・井料」『ヒストリア』二六四）。

中世の惣村は、身分や経済力に上下のある不均質な集団であったが、現実の格差とは別に、村人たちは惣の成員は対等という平等意識をもっていた。村の内部は常に一枚岩というわけにはいかないが、上部の支配権力や他村といった外部集団に対しては、極めて強い一体感が示された。こうした惣村独特の連帯は、自治組織である惣が、宮座を紐帯とした一揆に基づいて形成されたことによると理解されている。

平百姓の力量――上野村の世界

上野荘と上野村(惣荘)

正和《しょうわ》二年(一三一三)、真言密教《しんごんみつきょう》に傾倒した後宇多法皇《ごうだほうおう》が、東寺興隆のために四荘園を寄進し、その一つとして山城国上桂荘《かみかつらのしょう》(京都市西京区)は東寺領となった。上桂荘とよばれる荘園には東寺領と、苔寺《こけでら》の俗称で知られる、名園で名高い西芳寺《さいほうじ》領の二荘がある。東寺領は上桂荘の東北部にあって桂川に面し、上野荘《かみののしょう》とも称された。

桂川は水害の多い暴れ川だが、桂川は上野で東から南に流れを転じており、上野は桂川の洪水被害をとくにうけやすい立地にあった。現在、桂川は上野の北を通っているが、鎌倉時代には、上野の集落の南側を流れ、荘内を貫流していた。今の北側の河道《かどう》は、一四世紀後半ごろに形成されたが、この河道の移動にともなって上野の中心的な水田地帯は壊滅したとみられている。さらにその後も、大洪水にしばしば襲われた。一五世紀前半ごろまでは、たとえば「正長《しょうちょう》二年（一四二九）八月一八日の洪水で一帯は河原と化し、一三年間、年貢が一粒もとれない亡所《ぼうしょ》となってしまった」といわれるように、東寺の古記録には、上野荘の洪水被害の記事が頻出する（伊藤俊一「山城国上野荘の水害と再開発」『日本史研究』六七五）。こうした苛烈《かれつ》な自然の脅威が緩和されて地域が安定化するのは、ようやく一五世紀半ばを迎えるころであった。

寛正六年（一四六五）の譲《じょう》位《い》反銭《たんせん》一献料《いっこんりょう》注進状《ちゅうしんじょう》によると、東寺領上野荘の田地は「本荘《ほんしょう》」が一二町六反、「散在《さんざい》」が三町二反の合計一五町八反で、この他に畠地があった。「本荘」とは上野村の地域をいい、「散在」は徳大寺《とくだいじ》・千代原《ちよはら》（桂中荘）など近隣の村々に点在する荘地をさしている。室町時代には村落（惣村）が成長をとげ、いわゆる荘園と関わりをもちながら地域社会を構成するようになっていた。この村は、当時、「惣荘・荘・郷・里」ともよばれた。西岡地方では諸荘園の荘地が複雑に入り組んでいたが、荘園の領主（本所《ほんじょ》）とは別に、各地域の主要な領主が惣荘（村）を知行する領主とみなされた。散在地の荘園領主を「いれくミ（入組）の本所」といったのに対して、村を治める領主は「そう（惣）庄御もち」と称された。荘園の上野荘の領主東寺は、上野惣荘（上野村）の惣荘の領主であったが、千代原惣荘（千代原村）では、天竜《てんりゅう》寺《じ》塔頭《たっちゅう》の宝寿院《ほうじゅいん》が惣荘の領主であり、東寺は入組の領主の一つにすぎなかった（西谷「中世後期における村の惣中と庄屋・政所」）。

一四世紀の上野荘では、侍身分に属する在村の下司《げし》が荘務をとり、領主と在地の仲介役を務めたり、売券《ばいけん》に証判《しょうはん》を加えたりして、在地社会で中心的な役割を果たしていた。ところが、応永《おうえい》一〇年（一四〇三）を最後に下司の姿が確認できなくなり、具体的な経緯はわからないが、上野荘から下司職が消滅してしまった。そしてこれ以降、上野村の住人には、名字や実名を名乗る侍身分の者がいなくなる。つまり、室町時代の上野村は、西岡の地域では極めて珍しい、侍身分の者のいない、平百姓だけが暮らす村となっていた。

荒くれ者の村

上野については、一四世紀後半から一五世紀にかけて領主の東寺寺僧の評定《ひょうじょう》記録がよく残っており、在地状況の変化を連続的に追いかけていける。特徴的なのは、他荘に比べて事件の発生件数が飛び抜けて多いことである。一三五〇年代から一四一〇年代までは稀にしかなかったのが、一四二〇年代から三〇年代にかけて多発し、とくに二〇年代後半には連続して起きている。上野は小村だが、大村の上久世よりも件数がはるかに多い。また、事件の内容も、放火や計画的な殺人事件など、凶悪犯罪が目につく。ところが、時代が降って一五世紀後半には、犯罪件数がぐっと減って他所とかわらなくなる。

一四二〇〜三〇年代の上野は、極めて殺伐としていた。同じく正長元年（一四二八）に起きた二件を紹介しよう。一つは、有力百姓の妙道《みょうどう》が自分の下人を殺害した罪で、領主によって荘家を追放された一件である。主人の妙道が、被害者の下人に制裁を加えるために別の下人に命じて殺させたのが、おそらく真相とみられる。しかし事件後程なく、妙道はこの件に関与していないという一荘の嘆願がなされ、還住《げんじゅう》を果たしている。妙道は村にとって不可欠の人物だったのだろう。

もう一つは、これも有力百姓の行見《ぎょうけん》宅の放火事件である。放火犯人の糺明のために村起請《きしょう》が行われ、次郎という者に失《しつ》が現れ、次郎と主人の道証《どうしょう》の家がそれぞれ闕所《けつしょ》とされた。下人の犯罪で主人が罪に問われたのは、道証が次郎に放火を命じたと推定されたからだろう。中世社会では、百姓どうしの主従関係はとくに珍しくはないが、主人の命令で凶悪犯罪におよぶような事例は、なにかしら武士かヤクザのようで、百姓のそれとしては、やはり違和感が拭えない。当時の上野では、特殊な人的依存関係を生みだすような独特の磁場が働いていたのである。また、行見宅の放火事件は、行見と道証といった長老級の乙名百姓の間に深刻な対立が存在したことを示している。

応永三二年（一四二五）には、兵衛二郎《ひょうえじろう》という者が、本所に対する不法で家を検封《けんぷう》（封鎖）されている。表8には、差し押さえられた家財をあげた。牛一頭と犂《からすき》・馬鍬《まぐわ》・鍬《くわ》などの農具を各一具ずつバランスよく所有することから、標準的な経営規模をもつ中層農民

表８　兵衛二郎の資財（応永32年）

食　料	乾菜，芋茎30連，籾俵１ 豆俵１，粟俵１ 味噌桶１
家　畜	牛１疋
農　具 工　具	舂臼１，杵３，磨臼１ 犂１，馬鍬１，鍬１ 鉞１
什　器	釜２，鍋大小３ 結桶大小４，金輪１
武　具	槍２枝，弓１張，的矢１
その他	藁30ばかり

『山城国上桂庄史料』419号.

と評されるが、豆・粟《あわ》各一俵と籾米《もみごめ》・芋茎《いもがら》・乾《ほし》菜《な》・味噌《みそ》などの食料を蓄えており、中世の百姓としては並みよりは上の豊かさといってよいだろう。また兵衛二郎は、槍二枝と弓一張、的矢《まとや》一手、武器にもなる鉞《まさかり》を所持しており、百姓の武具の装備としては異常な充実ぶりである。武装への執着がうかがえる。家財全体からみると兵衛二郎は豊かな百姓といえよう。

しかし、応永二四年（一四一七）の納帳《のうちょう》によると、兵衛二郎は村のなかで一三名中一〇番目の年貢納入者にすぎなかった。もちろん、農業経営の規模だけで貧富は論じきれないが、彼の家財の内容とこの順位からすると、総体的にみて上野は豊かな村だという印象をうけるところだが、上野の自然環境は、農民に安定した条件を用意してはいなかった。一五世紀前半は桂川の洪水が頻発した時期にあたり、その影響をまともにうけた上野荘では、用水路や堤防の破損と復旧が毎年のごとく繰り返され、「亡所」とさえいわれた。ただし、洪水の被害は、必ずしも村人に労苦を課したばかりではなかったらしい。

洪水被害と復興利権

用水路・堤防の建設・修理は、領主と荘外在住の名主（地主）が費用を負担し、地域住人らが現場の労働力として工事に従事した。一五世紀初頭ごろ、上野荘の名主たちは、連年のように「井堀」（用水路の復興）の合力《ごうりき》を命じる本所の命令をうけ、井料の負担を強いられたが、とくに応永一六年（一四〇九）前後の負担は重かった。上野の灌漑施設は、応永一四年の洪水の後、「古井」の水便が悪くなり、「新井」の構築がはかられた。応永一六年には、諸名主に反別《たんべつ》五斗（一反につき五斗）の合力を命じて「新井」が造成されたが、八月の洪水で塞がり、翌一七年には修復のために反別二斗が課された。また応永一八年にも、諸名主に反別四五〇文が懸けられている。応永一六〜一八年のケースは、それぞれ概算で六〇貫文、二〇貫文、五〇貫文を超える出費があったとみられる。

しかし、洪水の被害はこれで終わらなかった。正長二年（一四二九）の洪水で壊滅的な被害をうけ、ようやく永享《えいきょう》七年（一四三五）に復興を成し遂げたところが、一作も終わらない前に大水にあい、またも用水路が埋まってしまった。この事態は、上野荘内の所有地に対する名主たちの経営意欲をすっかり萎えさせたらしい。再度の復興費用の供出を求めた本所の命に応ぜず、名主たちが土地を放棄したので、永享一〇・一一年度には、本所自らが一〇〇貫文余の工事費を拠出している。けれども、これでも事行かず、さらに東寺は、嘉吉《かきつ》二（一四四二）・三年に三〇〇貫文余、文安《ぶんあん》二年（一四四五）に一〇〇貫文余の支出を余儀なくされた。

このように洪水が多発した一五世紀前期には、莫大な復興マネーが上野に注ぎ込まれたが、その資金はどこに流れていったのだろうか。新しい井口《いぐち》が埋まったさいに、百姓が復興費用を三貫文と領主に上申した事例があるが、これは百姓たちの工事見積の能力を示している。また、応永一八年の工事は五〇貫文以上の経費を要したが、このときには、百姓らが金融業者から借りうけて工事費を調達し、後日、名主から取り立てた拠出金で返済している。用水路・堤防の復興は、百姓中の要請ではじまるのが常であった。領主に着工をうながした百姓たちは、単なる現場の手足ではなく、工事の枢要を担う存在であり、投下された費用の主たる流入先であったとみてよいだろう。

灌漑・堤防の工事は有償労働であった。永享一〇年（一四三八）の新井口建設工事の算《さん》用状《ようじょう》によると、一五日間の作業において、日食代が一人宛五〇文の三三七人分で一七貫三四文、地下人《じげにん》の日当が一人宛三五文の二四三人分で八貫七六六文、酒肴代が一五貫九九一文、合計四一貫七九三文を要したという（数値は史料のまま）。末端の労働者の実収入は不明だが、計算上では食糧代・日当だけですでに一人宛八五文に達している。中世の単純労働の標準賃金は一〇文だから、この工事はかなり割のよい仕事といえよう。洪水災害の多い小村の豊かさは、復興マネーによるものとみられる。

以下でみるように、この当時の上野村の中心には乙名百姓たちが存在し、彼らが村の住人らを組織して工事をすすめたとみられる。上野荘では地域社会のリーダーであった下司が消え、在地秩序が流動化していた。そこに洪水による用水路や堤防の破壊が、村に巨額の復興資金と公共事業をもたらした。これらをめぐる利権構造が、おそらく、乙名百姓をとりまく独特の主従関係と乙名間の厳しい対立を生みだしたのだろう。

長老支配の村―室町前期の惣中

中世後期の村（惣村）は、惣を構成する人々（村人）の集会を通じて自治的に運営された。近隣の上久世や下久世では、沙汰人・年寄とよばれた荘官や侍衆が、この村の政治の中心に存在していた。一方、上野は侍衆不在の村であったが、やはりここでも村人の主体的な活動がみてとれる。領主東寺の記録に「百姓・地下」として現れる村人たちは、「地下の案内者」として在地の状況を上申して領主と交渉にあたり、村のために利益を引きだしていった。また彼らは、村の宗教施設を修理したり、家数の維持を企図したりするなど、村の秩序の安定と公共性を積極的に担っていた。こうした村の自治的組織は「惣中」とよばれる。

応永三二年（一四二五）四月に村を追放された兵衛二郎が、早くも翌五月に還住を許されたのは、上野惣荘の百姓中（惣中）が本所に強く嘆願し、責任をもってその身元を引き受けたからである。その百姓中の請文《うけぶみ》に署判《しょはん》を加えた四名の百姓、行泉《ぎょうせん》・行見《ぎょうけん》・衛門太郎《えもんたろう》・衛門二郎《えもんじろう》は惣中を代表する人物とみられるが、たしかに実態もそれにふさわしい。応永二四年の納帳では、請文署判者の行泉・行見・衛門太郎・衛門二郎は、順に年貢米納入者の第一位から第四位にあたり、村の富裕層とみられる。

中世史家の薗部寿樹によると、中世後期の惣村では、村によって村人の身分が管理されていた。宮座でキャリア（年﨟《ねんろう》）を積むとともに、村落鎮守社に対して頭役《とうやく》・官途直物《かんとなおしもの》などの経済的奉仕を果たすことによって、順次烏帽子成《えぼしなり》・官途成《かんとなり》・乙名成《おとななり》・入道成《にゅうどうなり》をとげ、共同体内での地位を確立していった。

入道成した行泉・行見は最長老格の乙名であろう。行泉は村を代表して村の入用を調達している。行泉の息子本珠禅師《ほんじゅぜんじ》は室町幕府奉行人《ぶぎょうにん》飯尾貞元《いのおさだもと》とコネクションをもっていた。行見は前述の放火事件の被害者だが、正長元年（一四二八）には、妙道とともに兵衛四郎《ひょうえしろう》という者が還住した際の身元引受人になっている。行見はかつて上野荘下司の「重代《じゅうだい》下人《げにん》」であり、その縁から元下司屋敷の茶園を受け継ぎ、年ごとに茶を東寺公文所代の乗喜《じょうき》に送って誼《よしみ》を通じている。さらに第三位・四位の衛門太郎と衛門二郎は、兵衛二郎の兄でもあるが、二六年前にすでに同名で現れており、応永三二年当時には十分な貫禄をそなえた乙名百姓であった。妙道は二人のいずれかの入道名と思われるが、「荒くれ者の村」の項でふれたように、彼は少なくとも二人以上の下人を抱えており、下人殺害の罪で荘家を追放された際には、一荘をあげて嘆願がなされ還住を果たしている。

中世後期の村落共同体は排他的な構造を有した。村には、宮座を構成し、惣有財の利用や衆議への参加を認められた正規の成員権をもつ村人《むらうど》のほかに、成員権をもたない「村人ニテ無物《なきもの》」が居住しており、両者は明確に区別されていた。さらに村人も一列ではなく、村人のなかで年臈を積み重ね、かつ村にしかるべき経済的奉仕を務めた者のみが、様々な通過儀礼をへて乙名となりえたのである。つまり、一五世紀前半期の上野村は、長老格の乙名たちが集団でヘゲモニーを握る村であった。鎮守社の松尾三宮社の宮移神楽《みやうつりかぐら》に際して領主に助成を求めた「上野沙汰人等」とは、彼らのことであろう。上野荘の乙名百姓たちは、村の富裕層で、配下に小百姓らを下人として抱えるとともに、荘外の勢力とも縁故を有するような存在であった。

一五世紀初期には、自然環境の不安定さに下司の不在が重なって在地秩序が流動化し、このなかで村の公《おおやけ》を紡ぎだすことが上野の住人たちの課題となっていた。村人たちは、宮座の身分システムに依拠して安定した村落秩序を創出することに成功し、ここに乙名百姓による長老支配の村が立ち現れたのである。

ただし、侍衆のいる一般の村と比べると、平百姓の村には一つの弱みがあった。西岡地方において諸郷を貫通する用水路は、個別村落を越える広域の公共性にかかわるテーマであった。灌漑秩序を支えたのは村々の連合であったが、その担い手は「諸郷沙汰人」とよばれる侍衆の者であり、彼らの「会合」によって基本的な枠組が決定された。そして上野村でも、近隣の村々と利害の調整を要する問題が生じたが、ここで隣郷の面々との交渉役を務めたのは、もっぱら侍身分に属する荘園の代官や領主東寺の公文所らであって、村の乙名たちが前面にたつことはなかった。つまり、地侍衆がヘゲモニーを握る地域秩序のなかでは、平百姓は対等の交渉者とはみなされておらず、彼らが指導するタイプの村が不利な条件のもとにおかれていたことは否めない。

庄屋の登場—室町後期の惣中

侍衆のいない上野では、基本的権利において村人たちは平等であった。そのなかで一五世紀前半期の上野は、経済力・政治力を備え、経験を積んだ長老格の者たちがヘゲモニーを握る村であったが、一五世紀後半期になると、長老支配体制が後退し、やがて庄屋（百姓政所）という突出した存在が現れる。

寛正二年（一四六一）に千代原村にあった上野荘散在地で殺人事件が起こり、領主の東寺が「上野百姓道春《どうしゅん》以下三人」を召して事情を聴取した際に、上野荘百姓の道春と三郎次郎が連名で地域の検断《けんだん》慣行を注進《ちゅうしん》した。また同年の別の案件でも、道春・左藤三郎・

三郎四郎の三名が連名で東寺に注進状をだしている（ただし執筆者は別人だろう）。もとより、行泉・行見・妙道に続く世代のリーダーが長老格の道春であることは疑いないが、それと同時に、官途成していない若衆の三郎次郎や三郎四郎が道春とならんで署判を加えている事実は看過できない。

永正《えいしょう》九年（一五一二）の内検帳《ないけんちょう》では、名請地の面積の大きいほうから太郎三郎・次郎大郎・弥九郎の順で、ようやく第四位に乙名百姓の彦兵衛が現れる。第一位の太郎三郎は庄屋であった。このころには官途成前の若衆の存在が目立つようになるが、上位の三人は村の有力な家の出の者であろう。一般的傾向として、戦国期に入ると村落運営における乙名衆の支配力の低下が指摘されているが、一五世紀後半以降、上野でも村を代表してだした文書に乙名百姓以外の人物が散見されるようになる。このことは、乙名であることを村の指導者の要件とした長老支配体制の衰退と特定の家筋《いえすじ》を中心とする村の新しい秩序の形成を示唆している。

畿内の惣村では、一五世紀後半ごろから政所《まんどころ》や庄屋とよばれる世襲《せしゅうせい》制の村のリーダーが現れてくる。近江国の菅浦では、文明《ぶんめい》二年（一四七〇）に領家と渡り合って年貢減免をなしとげた道清《どうせい》が、村の「廿人宿老《にじゅうにんしゅくろう》」中から政所職の世襲を認められた。上野荘における政所の初見は、村で起きた放火事件の犯人を厳罰に処するように本所に求めた、明応《めいおう》三年（一四九四）の申状《もうしじょう》である。この文書には「地下一同」として「一荘の老若」一二名が名を書き連ねるが、その筆頭には、若衆である「政所」太郎三郎の名が記されていた。政所の太郎三郎は、やがて官途成して太郎衛門を名乗った。降って永正九年（一五一二）に逃亡百姓の未進年貢を立て替えた「庄屋」の太郎右衛門《たろうえもん》とは、彼のことにほかならない。文明一六年（一四八四）、上野荘の百姓らが年貢減免を申請しているが、荘民を代表して署名した五人の筆頭にみえる太郎衛門とは、おそらく先代の太郎衛門であろう。長享《ちょうきょう》二年（一四八八）の百姓連署状の五名の署判者の一人に太郎三郎がみえるから、太郎衛門家はこの四年の間に代替わりをしていたらしい。さらに、一六世紀後半の政所も太郎衛門を名乗っている。つまり、一五世紀後期の上野村では、太郎三郎を初名とし、官途成して代々太郎衛門を称する、世襲制の庄屋が成立していたのである。

村請制の成立　上野荘の年貢徴収は、①個々の百姓が東寺の惣蔵に年貢を搬入して東寺の公文所《くもんじょ》と納所《なっしょ》から請取《うけとり》を受領し、②その請取に基づいて代官が百姓ごとの納入状況を審査する、という手順でおこなわれた。上野は東寺から近いので惣蔵に納めたが、遠隔地の所領《しょりょう》では現地の蔵に運び込み、現地のスタッフが同様の方式で収納業務をすすめていった。

このように領主が個別的に百姓を把握し、その百姓の責任に基づいて年貢を徴収するというのが、中世の荘園制支配の本来的な姿であった。これに対して近世には、百姓個人ではなく村として一括して領主の年貢を請け負う村請制がとられた。村請制のもとでは、領主が個々の百姓を把握することはなく、個別百姓に対する年貢の割当と徴収は、村独自の帳簿に基づいて村の責任でおこなわれた。このように村請制では、年貢収納の一切が村に委託されたから、それが成立するためには、多方面における村の成熟が前提条件となるが、年貢を請け負う村は一五世紀ごろに現れ、一六世紀には広くみられる。

　東寺領上野荘（上野村内東寺分）では、一五五〇年ごろには年貢の村請が成立していた。田数に機械的に反別六斗を乗じて算出した年貢米高の三七石八斗八升三合が、百姓中が領主と結んだ名目上の請負総額であり、ここから百姓中が立て替えた「荘引物」と損免分が控除された。年貢の請取状に「惣百姓代《そうびゃくしょうだい》太郎衛門弁」とみえるが、これは庄屋の太郎衛門が、惣中で請け負った上野荘の年貢を惣百姓中を代表して弁済《べんさい》したことを表している。また、機械的に年貢高を決定しているが、実際の田地の斗代はまちまちであったから、実態にそくして個々の土地・百姓に年貢を賦課し直さなければならない。太郎衛門は「政所給」として米三石を給与されているが、これは、彼が村人の中心にたって年貢の割当・徴収の業務を執りおこなったことに対する報酬であろう。なお、一六世紀初頭の段階では、庄屋は略押を用いたが、このころには堂々たる花押を記すようになっていた。

戦国時代の畿内では、村請制や惣百姓代（惣代）の存在は珍しくないが、上野村で確認できることは、平百姓の力量をはかるうえで注目してよい。村請制が成り立つには、村の生活共同体としての成長が前提になるが、そのほかに識字・計数能力を前提とする帳簿などの文書作成の技術や渉外的な交渉能力なども必要とされる。室町時代の村では、それらはもっぱら侍衆が担ってきたところであったが、中世末期には、平百姓たちもすでにその条件を満たす段階に到達していたのである。

別居する親子・兄弟

核家族・直系家族・大家族—同居する家族の形態

民放のドキュメンタリー番組に「大家族スペシャル」とよばれるジャンルがある。この場合の「大家族」は、おおむね子沢山《こだくさん》の核家族世帯をさしている。このように日常的には、二世代の夫婦と孫が同居する直系家族世帯を含めて同居人数の多い世帯を大家族ということもあるが、専門的な家族研究では、家族形態によって用語を使い分けてきた。社会学や人類学では、家族の形態は、一般に大きく三つの類型に分類されてきた。第一が夫婦と未婚の子どもからなる家族で核家族、第二が親夫婦と跡継ぎ夫婦が同居する家族で直系家族、第三が複数の子ども夫婦が親と同居する家族で大家族とよぶ。本書ではこれまで常識に任せて説明を省いてきたが、ここで簡単に特徴を整理しておこう（中根千枝『社会人類学』）。

核家族は小家族・基本家族・夫婦家族ともいい、結婚によって成立する夫婦を中心とする。成人して結婚した子供たちは、生家をでて独立した世帯を創設せねばならず、各世帯には一組の夫婦しか存在しない。両親の財産は、子供たちの間で分割相続される。

直系家族では、家を継ぐ一子だけが残り、他の子供たちは生家を離れる。日本の直系家族では、長男が跡取りとなるのが普通だが、男女関係なく最年長の子供が跡取りとなる姉《あね》家督《かとく》制も東北地方などでみられた（名目上は姉の夫である婿養子が相続人となる）。家の財産は、跡取りが単独で相続する。跡取り夫婦は親夫婦と同居せねばならず、先代夫婦が健在であれば、同一世帯に複数世代の夫婦のセットが存在することになる。

大家族は拡大家族・合同家族ともよばれる。父系制の社会では、息子たちが両親の世帯にとどまり、結婚した兄弟の妻はその世帯に取り込まれる。大家族制は、父親の権威と兄弟の連帯を基盤として発達した。インドや中国の大家族制では、同じ両親から生まれた兄弟は同等の権利をもつという理念が存在し、兄弟がすべて生家に残るのが自然とみなされた。財産や食事（台所《だいどころ》、カマド）を共有するのが大家族の理想型である。ただし実際には、二世代を超えて大家族の共同体を維持することは容易でなかった。父親が死ぬと、多くの場合、兄弟は遺産を平等に分割して、それぞれの家族に分かれていった。

インドや中国では、大家族が理想視され、好条件に恵まれれば三～四世代の親子・兄弟が同居し、家族数が二〇～三〇名におよぶような一家もあった。一方、イングランドは、典型的な核家族社会として知られている。イングランドでは、一軒の家には一つの夫婦だけが暮らし、結婚した男女は必ず自分たちの家をもつという強い慣習があるので、核家族が規範的な家族形態となった。伝統的な日本の家族制度においては、家の存続が最大の目標であり、代々一子継承を重ねていくことが理想とされた。地域によっては大家族的集団を形成するケースもみられるが、前述した大家族とは異なり、家長とその後継者の家族以外は、その家の正式な構成員とは認められなかった。

直系家族か核家族か

日本中世において同居する家族の形態はどのようであったのか。家族のような身近な存在は、慣れ親しんだ今の制度が自然に感じられ、昔からそのようであったと思い込みがちなところがある。

戦前の家制度の影響が大きかった時代にたてられた古典的な学説では、直系継承の家父長制的な家族が古代以来連綿と続いてきたと考えられていた（明石『日本古代の親族構造』第一部第二章）。その後、中世を古代の母系家族が室町時代に家父長制家族に変化していく過渡期とする高群逸枝の説なども現れたが、一九八〇年代ごろには、古代・中世の民衆家族を核家族とする学説が有力視されるようになった。当時は、人間社会には夫婦とその子からなる単位（核家族）が共通して存在したとする、マードックが提唱した核家族普遍説がまだ通説的な立場を維持しており、その影響のもとで核家族説が登場したのである。

中世の家族形態を論じるには、人口の大半をしめる民衆家族の実態を明らかにしければならない。中世民衆の家族形態を具体的に示す史料は少ないが、核家族の事例をあげるだけなら、さほど難しくはない。たとえば、一六世紀の初め、家領の和泉《いずみ》国日根野荘《ひねののしょう》（大阪府泉佐野市）に下向していた摂関家《せっかんけ》の大殿《おおとの》九条《くじょう》政基《まさもと》が、悪党に惨殺された船淵《ふなぶち》村番頭の源三郎《げんざぶろう》宮内《くない》の家族が「妻子等まで三人」であった、と日記に書き留めている（『政基公旅《まさもとこうたび》引付《ひきつけ》』）。つまり、源三郎宮内の一家は核家族であった。

だが、こうした事例を複数集めたとしても、「核家族が支配的な家族形態だ」と、速断はできない。たとえば直系家族は、親子二世代の夫婦が同居する家族形態だが、家族のライフサイクルのうえから、一時的に核家族になる時期（親世代が死亡した段階）が存在するからである。さらに家族社会学では、直系制家族を志向する社会でも、家族周期や人口学的条件（寿命が短い、兄弟姉妹が多いなど）により、核家族率が五割を超える可能性もあることが指摘されている。それゆえ、その社会の支配的な家族形態を見極めるには、ある程度数量をふまえた分析が必要になる。しかし残念ながら、中世には、古代の籍帳や近世の宗門人別《しゅうもんにんべつ》改帳《あらためちょう》のように、状況を面的に観察できる都合のよい材料は存在していない。

犯罪の断罪に関する活動を検断といい、犯罪関係者の住宅を検断し、その出入口を封鎖することを検封《けんぷう》という。中世の人々は、犯罪で穢《けが》れが生じると考えたので、犯罪穢《はんざいえ》を取り除くために犯罪者の住居や滞在した建物を焼却したが、中世後期にはこうした観念が薄まり、犯罪関係者の家屋を解体して部材の売却益を検断者が自分たちの所得にすることが多くなった。このような検断慣行の変化もあって、中世後期の検断関係史料には、民衆の家族関係が時に現れてくることがある。

検断史料から家族形態をさぐる

真言宗の根本道場である東寺は、西岡に上久世荘、下久世荘、上野荘という三つの荘園を所有し、あわせて五〇〇〇点近い関係史料を伝えている。中世の地域史料としては最多の点数を誇り、かつ内容も豊かである。ここから民衆家族の家族形態がわかる事例を掲げよう（西谷・高島「中世後期における山城国上久世荘の家族と人口」）。

①　貞治《じょうじ》六年（一三六七）の事件。上野荘の百姓行円《ぎょうえん》の子与平次《よへいじ》が下人と二人で田草取りにいき、ささいなことから口論となり与平次が下人を殺し、逐電した。行円と与平次の家がそれぞれ検断対象とされており、父子は別居とわかる。下人を抱えるほどの有力百姓の一家だが、「散々の小屋」といわれるように、息子の家は粗末なあばら屋だった。

②　正長《しょうちょう》元年（一四二八）の事件。上久世荘で鉄錐《てつきり》が紛失し、犯人の四郎三郎《しろうさぶろう》の「彼屋ならびに親家」が検封された。四郎三郎と親は別居している。

③　永享《えいきょう》六年（一四三四）の事件。親と姉弟三人の別居がわかる事例であるが、詳細は次項以下で述べる。

④　同じく永享六年の一件。乙名百姓の兵衛九郎《ひょうえくろう》が火事をだし、本人と母の家が検断対象となった。母と息子は別居している。

⑤　康正《こうしょう》二年（一四五六）の事件。上久世荘の有力百姓道賢《どうけん》の子弥五郎《いやごろう》と地侍利倉貞光《とくらさだみつ》の下人が博奕《ばくえき》の質物のことで口論し、両人の家が検封された。父道賢と息子の弥五郎は別居している。

⑥　文正《ぶんしょう》元年（一四六六）の事件。早稲《わせ》を穂首刈《ほくびが》りした盗人与五郎《よごろう》が、その場で村人に討ち果たされ、与五郎の家が検封された。与五郎と父兵衛三郎《ひょうえさぶろう》は別居している。

⑦　文明《ぶんめい》一六年（一四八四）の事件。上久世荘の華蔵庵《かぞうあん》の敷地に借住していた左衛門五郎《さえもんごろう》夫婦と子の三人が、何者かに惨殺された。一家は核家族である。ちなみに、左衛門五郎は下久世荘の職事《しきじ》を務めていたが、悪党だったので地下を追放されて隣村にもぐり込んでいた。彼を敷地内に住まわせたことを詰問された花蔵庵の住持は、悪党だから逆恨みされるのが怖いので仕方なく貸したと答えている。

①～⑥は親子が別居していたことを示している。彼らの同居人にかんする情報は乏しいが、後述するように中世が早婚社会であったことからすると、一般論としては、⑦のように妻子の存在を想定してよいだろう。

別居する親子・兄弟

中世の人々は、名乗りによってその人の立場をある程度予想できる。その情報を利用しつつ、みぎのデータをさらに読み解いていこう。

中世社会では、男子は一五歳で一人前の成人とみなされ、成人儀礼である烏帽子着《えぼしぎ》（加冠《かかん》）の儀式（烏帽子成《えぼしなり》）をへて、幼少期の童名《どうみよう》を改め、四郎三郎・弥五郎といった成人名を称した。村人の名乗りは村によって管理されており、彼らは村のなかでキャリアを重ねて名前を変えた。官途成《かんとなり》の儀式をへて、兵衛九郎や左衛門五郎のように令制官職《かんしよく》を含む仮名《けみよう》を名乗り、さらに入道成《にゆうどうなり》の儀式をとげて、行円《きようえん》や道賢《どうけん》といった法名《ほうみよう》（僧侶名）を称した。経済的要因も絡《から》むから必ずしも厳密ではないが、おおよそ、官途成以前の官職を含まない名前の者を青年層、官途成や入道成した者を壮老年層とみてよい。

前掲の七つの事例は、偶然だが、いずれも平百姓の家族である。皆殺しにあった⑦の左衛門五郎一家は、夫婦と幼子、三人の核家族であった。①～⑥は、名前から子供は成人とわかる。つまり、これらの事例は、親と成人した子供の居住形態、すなわち、結婚した子供夫婦がどこに居を構えるのかという問題にかかわっている。

直系家族では、一人の既婚の子供が跡継ぎとして親夫婦と同居するが、ここでは、そうした同居の事例がまったく見出せないのに対して、六例すべてで、親世帯と子世帯が別居している。とくに③の右衛門四郎《えもんしろう》一家では、息子の太郎三郎《たろうさぶろう》・源四郎《げんしろう》兄弟と娘の姉が、父親とは別にそれぞれ自分の家を構えていた。中世の村では、おそらく男子も女子も生家をでて新たに世帯を形成する慣習が存在し、核家族が支配的な家族形態であったとみてよいだろう。

核家族世帯の経営

では、親子・兄弟の核家族世帯の経営はどうだったのだろうか。別居しながらも父親を中心に緊密に結合していたのか、あるいは、それぞれが独立的だったのか。③の右衛門四郎一家から考えてみよう。

永享六年（一四三四）のことである。下久世荘では、二月四日の講《こう》の寄合の際に、下司大江清綱《おおえきよつな》の子左衛門次郎《さえもんじろう》と地下百姓の若者太郎三郎・源四郎兄弟が口論となり、左衛門次郎と源四郎の二人が刺し違えて命を落とした。大事件だったので、本人の家だけでなく、親・姉兄の家まで検封された。父親の右衛門四郎は、難を逃れるため、「講の座敷より家へも帰らず」、一目散に逐電したという。その後、領主に顔の利く東寺宝厳院《ほうごんいん》の取り成しをえて、早くも四月下旬には帰住《きじゅう》を果たしている。なお、彼の住居は、兄弟の「祖母《おば》の家」ともいわれる。おそらく、右衛門四郎の両親が住んだ家に、父親の死後、右衛門四郎夫婦が母親と同居したことからそうよばれたのだろう。

喧嘩で死んだ源四郎は、生前、下久世荘内の田地二反半を千代原荘《ちよはらのしょう》（京都市西京区）の観音寺から預かって耕作していた。また別途、源四郎は兵庫入道という者を請人《うけにん》（保証人）に立てて、同じ土地の収穫を西京《にしのきょう》の梅酒屋《うめざかや》に先物売りしていた。中世の小農は、種籾代・肥料代から農繁期に傭う労働力の人件費まですべての農業にかかる費用を自分でまかない、自立的に農業経営をおこなった。秋の収穫を年毛《ねんげ》という。田作りの始まる旧暦の春先ごろに耕作者が秋の収穫を先物売りする年毛売買は、出挙《すいこ》・利銭《りぜに》など消費貸借とならんで、農業費用の調達方法として社会的に認められていた。

源四郎の父右衛門四郎はすでに下久世に帰住していたが、死亡した源四郎が預かっていた田地を兵庫入道が作り、また彼が年毛売買の請人であったことから、観音寺への加地子《かじし》（地主得分）の納入と梅酒屋への年毛の支払いは、ともに肉親の父親ではなく他人の兵庫入道に負わされた。つまり、源四郎は親から独立して農業経営をおこない、家計も別にしていたのである。

中世社会では、子が年貢を納めずに逐電した場合には、その未納年貢は、親の負担とはせず、子の家を売却した収益で補填することが、大法《たいほう》（社会習慣）として定着していた。こうした大法が成立したのは、右衛門四郎一家のように、それぞれ世帯をもつ親子・兄弟が別世帯で暮らし、独立的に農業経営をおこなう状況が、一般的に存在していたからにほかならない。

中世は核家族だった

名主の大家族も複数の核家族世帯からなっていた。民衆の家族は、中世を通じて核家族世帯であった。では、支配階級はどうだったのか。これについては、史料に恵まれた貴族家族の研究によって、核家族から直系家族に移行していったことが明らかにされている。この分野を牽引してきた、服藤早苗・高橋秀樹・後藤みち子・菅原正子らの仕事に依拠して変化の概要を示そう。

中世貴族の婚姻制度は、一夫一妻制であったというのが定説となっている。男性貴族は複数の配偶者をもつが、正式に結婚した妻は、正妻一人だけだと理解されている。「婿取り」の婚姻儀礼をおこなった平安中後期には、貴族家族の居住形態は、夫の通いや妻方同居の期間をへたのち、夫婦は夫方が提供する邸宅に移るのが通例であった。夫方が邸宅を提供したといっても、子供夫婦は夫の親夫婦と同居することはない（服藤「平安貴族の結婚と家族」）。つまり、新婚の夫婦が妻方に住む場合でも、妻方の両親との同居はあくまで一時的であり、その後、新婚の夫婦は、自分たち自身の核家族を創設したのである。

鎌倉時代には、結婚当初から女性が男方に「嫁入り」するようになるが、やはり父子二世帯の不同居という伝統を守って、貴族たちは複数の邸宅を親子兄弟で夫婦ごとに、つまり核家族で住み分けていた（高橋「中世の家と女性」）。しかし、中世後期には、経済的事情から、家で複数の邸宅を維持するのが難しくなると、親夫婦と息子夫婦が同一敷地内に居住する父子二世代同居家族が広がった。

太政官の外記《げ き》局《きよく》の局務《きよくむ》（外記の最上首）を世襲する中原家では、康永《こうえい》四年（一三四五）に家の代替わりがあり、家長の中原師右《もろすけ》が亡くなり嫡子の師茂《もろしげ》が跡を継いだ（後藤『中世公家の家と女性』）。師右の生前には、主屋の寝殿《しんでん》には家長の師右夫婦が住んでいたが、代替わりを契機に、新家長の師茂夫婦が南対屋《たいのや》から寝殿に移り住み、師右の後家《ごけ》（師茂母）は北対屋に居住した。師茂夫婦が南対屋をでて寝殿に入ると、その日のうちに師茂の弟の師守《もろもり》夫婦がそれまでいた対屋から南対屋に住み替えた。さらに南対屋の奥には別の対屋があって、そこには師茂の嫡子師秀《もろひで》と師守の娘の夫婦が住んでいた。

依然として分割相続を続けていた中原家では、家族はそれぞれ個人財産を所持していた。また、家長を中心に大家族が協力して家業に勤《いそ》しみながらも、各建物ごとにカマドを備え、別棟に住むそれぞれの核家族は別々に食事をとっていた。南北朝時代になると、このように同一敷地内に別棟を建てて親夫婦と息子たち夫婦が同居し、世代交代などにより住み替わっていく父子二世代同居の大家族が登場した。しかし、ここでも個別の建物レベルでみると、やはり核家族ごとの独立した生活が維持されていた。

　嫡子単独相続制が定着した戦国時代には、跡継ぎだけが実家の屋敷内に残るようになった。三条西実隆《さんじょうにしさねたか》には五人の子女がいたが、家には嫡子の公条《きんえだ》だけが残り、親夫婦と跡継ぎ夫婦が同居した。三条西家では、台所とカマドは一つしかないが、炉《いろり》は実隆夫婦の主屋と公条夫婦の住居にそれぞれあった。炉とはカマドよりも簡単な調理場である。当時の公家社会では、嫡子がしかるべき年齢と官職になると、嫡子は親と屋敷地内で別居して新たに調理場を設け、そこに嫁を迎えた（菅原『中世武家と公家の「家」』）。三条西家でも親夫婦と子夫婦は敷地内の別棟に住み、食事・家計を別にしていた。貴族社会でさえも、調理場も一緒にした完全な意味での親子二世代同居家族（直系家族）が出現するのは、ようやく近世になってからだという。

　このように中世には、階層を超えて親子二世代夫婦不同居の原則が根強く存在していた。中世社会は、その原点において、夫婦一代ごとの家族形成を原則とする核家族社会であったと結論づけてよいだろう。

核家族と二世帯同居家族

中世後期の民衆家族

自立する若者たち

中世後期を中心に、中世史家の飯沼賢司の仕事に依拠して、一般的な村人のライフサイクルを概観しておこう（「「村人」の一生」『日本村落史講座』第6巻）。

中世人のライフサイクル

中世の村では、村の正式な構成員を村人《むらうど》、村に生まれた子供を村子とよぶ。七歳を過ぎて他村から猶子《ゆうし》（養子）に取られた者は宮座《みやざ》に加入を認めず、村人としないという惣掟《そうおきて》をもつ村もあった。村の役負担に耐えられない者は、座を抜かれて村人の身分が失効し、さらに村人でない者が惣掟を破ると村を追放された。宮座のメンバーシップが村人の条件であり、中世の村には、村の意志決定に参加できない「村人にて無き物」も住んでいた。近畿地方の村では、村子は数え年三歳で宮座の村入りの儀式をうけることが多いが、紀《き》伊《い》国粉《こ》河《かわの》荘《しょう》の東《ひがし》村（和歌山県紀の川市粉河）では、三歳の儀礼の代わりに、「十一月新二郎《しんじろう》子息　楠千代丸《くすちよまる》」という具合に、前年度に生まれた男子を毎年正月に「名つけ帳」に登録して、村の鎮守社である若一王子社《にゃくいちおうじしゃ》（王子神社）の宮子《みやこ》（氏子《うじこ》）に加えた。なお、座は男女でわかれており、男性の座とは別に女性の座も存在していた。

一般に男子は一五歳、女子は一二歳から一四歳で成人した。村の成年式《せいねんしき》である烏帽子着《えぼしぎ》（烏帽子成）の儀礼を境に村子は、名乗りを成人名に改め、宮座の正員となって惣《そう》の集会に出席する権利を認められた。さらに成人した若者（若衆《わかしゅ》）は、村の役を勤め、官途成《かんとなり》や乙名成《おとななり》（老成《おとななり》）の儀式をへて、宮座の年齢階梯《かいてい》を昇り、村の中堅的指導者である乙名（老衆）になった。中世の村では、こうした通過儀礼の際には宮座役として直物《なおしもの》を宮座に納めるが、近江国《おうみ》の今堀では、烏帽子成では五〇〇文、乙名成では、牛馬を飼う者は四〇〇文、飼わない者は三〇〇文を支払うことになっていた。

老境に入る六〇歳は、現役を退いて仏道に精進する目安《めやす》の年齢とされる。村人もその年ごろになると、入道成《にゅうどうなり》をとげ、剃髪《ていはつ》して法名《ほうみょう》を名乗った。入道成は烏帽子成・官途成・乙名成などと同じく、村の通過儀礼であり、しかるべき額の銭を村に納めた。ただし、室町時代には、入道成は村政からの引退ではなく、むしろその最上位の立場となることを意味した。

「住屋なき者」

下久世の住人のなかに、村人でありながら「住屋《じゅうおく》なき者」といわれる不思議な存在がいた。延徳《えんとく》二年（一四九〇）をさかのぼること五、六年前、村内で盗みが連続して起こった。強文《ごうもん》（犯人を告発する落書起請）の結果、以前から問題児と思われていたのだろう、地侍新《あたらし》氏の下人が犯人と決した。下人を処刑し、盗みの手引きをした公文の下女は顔に疵《きず》をつけて、村から追放した。ところが、今年になって小五郎という者が、その女を家中《かちゅう》に引き入れて面倒をみていたことが発覚し、彼の家が検封《けんぷう》された。

前者は村による自検断《じけんだん》、後者は領主による検断である。前者の盗犯事件のことは領主に報告されていなかった。自検断自体に問題はないが、執行したことを領主に報告する義務はあったらしい。領主から怠慢を咎《とが》められた公文は、「盗人は住屋なき者なので、わざわざ注進《ちゅうしん》に及びませんでした」と返答した。西岡地方では、下人も自宅をもち、主人とは別居していたから、殺された下人に文字通り住み処《すか》がなかったわけではない。

全体として印象深い話なので、「住屋なき者」の正体がずっと気になっていた。しかし、流石の「東寺百合文書《とうじひやくごうもんじょ》」にも類例がなく、ずっとわからないままでいた。その正体を薬《やく》師寺《しじ》の「中下臈検断之引付《ちゅうげろうけんだんのひきつけ》」という史料が解き明かしてくれた。

南都七大寺の一つ、奈良の薬師寺（奈良市西ノ京町）には、「中下臈検断之引付」という表題をもつ一冊がある。大永《だいえい》六年（一五二六）から慶長《けいちょう》一一年（一六〇六）にいたる、薬師寺の寺内や周辺寺領《じりょう》における犯罪事件に関する寺僧たちの評定《ひょうじょう》（会議）の記録である。中世領主の警察権・裁判権のあり方を示す恰好の材料として注目されてきたが、実は、中世の村に生きる若者の生活史料としてもすこぶる興味深い。

戦国時代になっても薬師寺では、住宅の検断において「家を焼く」という旧い慣習を守っていた。薬師寺領六条郷《ろくじょうごう》（奈良市六条）の堂前で、左衛門九郎《さえもんくろう》と孫三郎《まごさぶろう》が口論がこうじて刃傷沙汰《にんじょうざた》におよんだ。両者とも「住屋なし」ということで身柄は罪科に処せられたが、住宅の検断はまぬがれた。ところが、史料は以下のように続く。

孫三郎は住屋がない。松石《まついし》という者の住屋の端を借屋している。たとえ住屋の端といっても、竈《くど》（カマド）をおいていれば、先例があるので、その借屋の分を放火する、

と評定で決定した。

「住屋なき者」は、やはりホームレスではなかった。本屋に棟《むね》を寄せかけて作った建物を角屋《つのや》という。孫三郎が松石の住屋の端に借家した住居とは、本屋に寄せかけて作った別棟のことで、角屋のたぐいだろう。こうした建物でもカマドをすえていれば「借屋の分」を検断するが、カマドがない場合には、「住屋なし」とみなして住宅の検断を免除する、という慣行が存在していた。また、一軒家でも「竈以下もこれなき少屋」や「屋根をむか

れた家」、藁屋などは検断をまぬがれた。

つまり、「住屋なき者」とは、カマドを備えないような貧弱な家屋に住む者をさしていたのである。こうした家とその住人は、社会的に一人前とみなされず、住宅検断の対象外とされた。また、室町幕府や領主が賦課《ふか》する諸公事《しょくじ》も免除された。中世後期の村や町には、後述するように、このように公事も懸けられない粗末な小屋とその住人が多数存在していたとみられる。

「母懸」の若者たち

「中下臈検断之引付」には、「母懸《ははがかり》」という珍しい表現がでてくる。この言葉を手懸かりに村の若者の世界に分け入っていこう。

① 六条郷の若者たちが村の稲場《いなば》に干していたヒョウタン次郎四郎《じろうしろう》の稲を盗んだ。五藤《ごとう》八《はち》の家は竈もない「少屋」だったので放火せず、法螺貝《ほらがい》を吹くだけですませた。八《はち》男《おとこ》（八嶋）は「女子《めこ》」、つまり妻をもたず、母懸であった。八男と弥三郎《いやさぶろう》の家には竈があったので、家を放火した。

② 九条郷（大和郡山市九条町）の善三郎《ぜんざぶろう》に打擲《ちょうちゃく》（殴打《おうだ》）されて、助七《すけしち》の息子の入道《にゅうどう》跡《あと》という者が死亡した。両名の家は放火されたが、入道跡は母の家に出入りする母懸だったので、母の家も検断された。

③ 六条郷（奈良市六条）の孫四郎《まごしろう》の子孫九郎《まごくろう》が、坂上方の中間《ちゅうげん》を打擲した。孫九郎は

「親に相懸《あいかか》」り、「私宅」をもたず、実家で両親と暮らしていたので、親の家を放火した。「親懸《おやがかり》」の孫九郎は、自分の「所帯」（財産）を持っていなかった。

中世の若者は、一五歳で成人して仮名を名乗った。仮名やあだ名で呼ばれる者たちは、おそらく年若い成人、つまり青年であろう。①②の若者たちは、親元を離れて自分の家に住むが、そのなかに母懸と称される者がいた。八男の家にはカマドはあったが、まだ妻はもらっておらず、母懸だといわれる。

母懸は辞書にとられてないが、独り立ちする時期になっても自立せず、親に養われている者を親掛《おやがか》りというから、母懸（母掛り）は、親とは別居して自分の家に住みながらも、母親に食事の世話になっているような独身青年をいうのだろう。中世後期の民衆社会は、どうも成人した男子がかなり若くして親元を離れ、自身の世帯を形成する社会だったらしい。①の事件では、稲盗人たちの家のカマドの有る無しが論点となっている。こうした若者たちの住居は、カマドの有無が微妙な程度の粗末な建物だったらしい。

中世後期の畿内村落では、多くの青年が結婚前に実家をでたが、親の家の近辺に小屋を建てて暮らし、独身のあいだは母親の世話になった。それを表す母懸という成語《せいご》があるのは、母懸の未婚男性がごく普通に存在したからに違いない。一方、娘のほうは、夜這《よば》いの一件が近所の者を巻き込んだ大騒動になった事件などからすると（「中下臈検断之引付」）、結婚するまでやはり親元で暮らしていたらしい。

自立をうながす社会

中世後期の畿内村落は核家族社会であり、親夫婦と成人した子供は、それぞれ夫婦単位で世帯を構成した。薬師寺の検断では、住宅を放火したほか、犯罪者の「所帯」（財産）を没収するのが慣例となっていた。③の親掛りの孫九郎は、親と同居していたので親の家を放火したが、親と子の財産は別物であるという当時の観念にしたがって、親の財産は没収をまぬがれた。親と成人した子供はそれぞれ独立して財産を所有し、農業経営も核家族単位でおこなうというのが、当時の常識的な考え方であったのである。

親懸・母懸といった言葉には、そう呼ばれる対象を見下したニュアンスが感じられる。親に寄生する親懸は論外であり、母親の世話をうける母懸もまだ半人前と軽んじられた。中世社会では、「男は三度の晴業《はれわざ》に心つく、元服《げんぷく》して魂つく、妻を具《ぐ》して魂つく、官をして魂つく」、「男は妻を具して心つく、女房は夫にそひて心つくなり」（『御伽草子《おとぎぞうし》』「物くさ太郎」）というように、男女ともに、人は結婚して所帯をもって、はじめて真の一人前とみなされた。

社会が制度化した男女の性別役割分業は、生活を完結させるために男女の結合を促す潜在的な圧力として機能していた。核家族である中世民衆の世界は、とくに夫婦関係に依存して生きてゆかざるをえない社会であり、結婚による夫婦世帯の創出によって青年男女の自立が完成したのである。『御伽草子』から中世の結婚年齢を分析した黒田日出男によれば、男子の適齢期は一六歳から二五歳で二〇歳にピークがあり、女子の適齢期は一四歳から二〇歳で一七、八歳がピークだという（『歴史としての御伽草子』）。当時の若者には、親元からの早い巣立ちと結婚をうながす強力な社会的圧力が働いており、早婚社会であったとみられる。

家族周期と経営規模の伸縮

夫婦の結婚から死亡までの過程を家族周期（family life cycle）という。核家族の場合には、結婚によって家族が成立し、子供が生まれて人数が増えるが、やがて成人した子供は家をでて再び中高年の夫婦二人となり、そして最後に、夫婦の死でこの家族は消滅する。しかし、ここに生まれた子供は、結婚を通じて両親と同じ核家族を再生する。このように核家族では、家族数の増加・減少の道をたどりながら、家族の生成と消滅を繰り返していく。タイや鹿児島のような分割相続制の核家族社会は、農地の流動性が高く、家族周期に対応して家族世帯の農業経営の規模を柔軟に伸縮させたことが、経済史家の坂根嘉弘らによって明らかにされている（『日本伝統社会の経済発展』）。

さて、中世後期の村には、土地台帳に名請人《なうけにん》として名前がでてこない大勢の住民が存在していた（一八六頁）。多くは直接耕作者であり、図12では下作人《げさくにん》（脇百姓《わきびやくしよう》）にあたる（一一七頁）。下作人の耕作権は、対象地の独占的な利用を保障され、親族への譲与は可能であるが、他人への売買はできないという権利であった（以下、下作職《げさくしき》とよぶ）。

下作職には年貢・加地子などの貢納義務が付随するが、労働を的確に投下しなければ利益が生まれない。耕作農民にとって家族の力量以上の土地を抱え込んでしまうと、かえって負担のほうが大きい。労働力が減った耕作農民の家族は、未納分がなければ余剰地の耕作権を自由に「上表《じようひよう》」（返還）できた。中世には、手放したくても手放せない、いわゆる「負動産《ふどうさん》」は存在しなかったのである。また、下作職は無償で入手できる権利であり、耕作権の移動は家族の範囲を超えて頻繁であった。つまり、室町時代の耕作農民は、安定して下作職の供給を期待できる環境にあり、家族周期からくる労働力の増減や扶養圧力の変化に対応して、下作職を入手したり放出したりしながら、経営規模を柔軟に伸縮させていたとみられる。

豊富な若年労働力

文明《ぶんめい》一三年（一四八一）ごろ作成された「馬場田農事日記《ばばでんのうじにつき》」（『壬生《みぶ》家《け》文書』）と題された珍しい史料がある。田地一反を預けていた男が死去し、その遺族の少年と母親が耕作を放棄したために、はからずも地主が経営に直接的に関与することになった。そのお陰で、通常ではわからない水田稲作の農作業の細かなようすが、地主によって記されたのである。

地主は、農作業全体の元締め役として村人の小二郎親子を雇った。親子は地主から銭を受け取り、近所の村人を雇って稲作りをすすめた（三六頁の表2を参照）。小二郎親子の所得は、裏作の麦の収穫と手間賃であった。稲代の二五〇文というのは、苗の運搬賃を含めてのものだろう。田起《たおこし》には牛飼いを一五〇文で雇い、さらに酒肴《しゅこう》を振る舞った。代掻《しろか》きと畔作《くろづく》りには、一人八〇文で男四人を雇い、計三二〇文を払った。田植えには、早乙女《さおとめ》五人を各三五文で雇い、一七五文を払った。田植えの始めに田の神を迎える早開《さびらき》の儀礼には三〇文かかった。草取りは二度おこない、一人一五文で計三〇人を雇い、四五〇文を支払った。「馬場田農事日記」はここまでであるが、別の史料によると、この後の稲刈り・運搬・脱穀にも数十名の者が雇われている。

「馬場田農事日記」には、小二郎親子のほかに、臨時的な労働力として与四郎・七郎三郎・ウマウ・ツル、某とその姉といった面々が登場する。いずれも官途成を遂げておらず、若年層であった可能性が高い。臨時的な農業労働市場の中心的な担い手は、こうした若者層とみてよいだろう。代掻きなど専門性を要する工程の賃金は高いが、稲刈り・脱穀など単純労働の賃金は一〇文と安い。一〇文は中世の単純労働の標準賃金であった。

中世後期の農村には、農繁期の臨時的雇用を満たす安価な農業労働市場が存在していた。

そして、その主力を担ったのは、親からの自立を開始した若者たちであった。人口増加期である室町時代には、若年人口が多く、おそらく働き手の確保には困らなかっただろう。

扶養家族がいない独身者と夫婦二人世帯は、自分たちの食べる分だけをまかなえばすむから、扶養圧力がもっとも小さい。彼らは、少ない請作地《うけさくち》とアルバイトの掛け持ちで生活することも不可能ではなかっただろう。やがて子供をもつと扶養圧力が増し、経営規模の拡大を迫られる。また、経験を積んだ壮年は、土地を預けるほうからすると良い請作者とみられたに違いない。しかし壮年期以降になると、子供の自立と自身の加齢により次第に経営規模を縮小していく。そして、そこで生じた空白を次世代の者たちが埋めていくことになる。農村の農業労働市場（臨時・恒常的な請作）は、このような世代間の循環として再生産されていったのである。

中世民衆の住居

村の城

村人の住居の形態・規模は大小様々であった。堀《ほり》や土塁《どるい》で囲まれた土豪《どごう》の広い居館を頂点に、所有地に家を建てた屋敷地《やしきち》持ち、土地を借りて家を建てた借地人や他人の家に住む借屋人などがおり、さらには、前節でみた「住屋なき者」といわれる者たちもいた。本節では、土豪の居館からはじめて、順次、村人たちの住まいを訪れてみよう。

観応《かんのう》の擾乱《じょうらん》の真っ只中、正平《しょうへい》六年（一三五一）一一月二二日の夜、東《ひがし》久世荘《くぜのしょう》公文《くもん》左衛門《えもん》四郎《しろう》・大藪荘《おおやぶのしょう》公文右衛門尉《えもんのじょう》らが上久世荘《かみくぜのしょう》公文舞田仲貞《まいたなかさだ》の住宅に討ち入った。東《とう》寺《じ》の訴えをうけて幕府は、二人を上久世荘から排除するよう両使に命じたが、占拠者の二人は仲貞の住宅を「城郭」に構えて大勢を率い、吉野（南朝）の御使者でなければ命令には従えないといって抵抗した。今日の感覚では、「城郭」と聞けば、いかにも堅牢な防御施設を想起するところだが、ここの「城郭」はそのような大したものではない。南北朝期には、領主・荘官の館を俄仕立《にわかじた》てでバリケードを設けて武装化したようなものを「城郭」と称したのである。

現代の我々が常識的にイメージするような、恒常的な軍事施設としての城が現れるのは、実は、戦争が日常化した一五世紀後半ごろからだという（齋藤慎一『中世武士の城』）。このころになると、西岡地方でも、上久世に公文寒川《さむかわ》氏、下久世に下司《げし》大江《おおえ》氏の城があり、隣村の川島に近衛家《このえけ》領革嶋南荘の下司革嶋《かわしま》氏の城が築かれたように、多くの中世村落には土豪の城館が存在していた。

革嶋氏の城館については、元禄《げんろく》一五年（一七〇二）ごろに作成された屋敷絵図と近年の発掘調査によって往時の姿を知ることができる（京都市埋蔵文化財研究所調査報告書『革嶋館跡』）。元禄の屋敷絵図には、館を囲む堀と土塁が描かれている。「土居藪《どいやぶ》」とあって、土塁には、崩れ止めや目かくしのために竹が植えられていたらしい。発掘調査によると、外周には、幅が五・五m、深さが一・八mほどの水堀がめぐらされていた。東西の堀にはさまれた屋敷地の幅（短辺）は約四七mあった。また、土塁の内側にも、幅五m・深さ二mの空堀が掘られ、柵も設置されていたとみられる。

図14　近世の革嶋家屋敷（「革嶋家文書」，京都府立京都学・歴彩館所蔵）

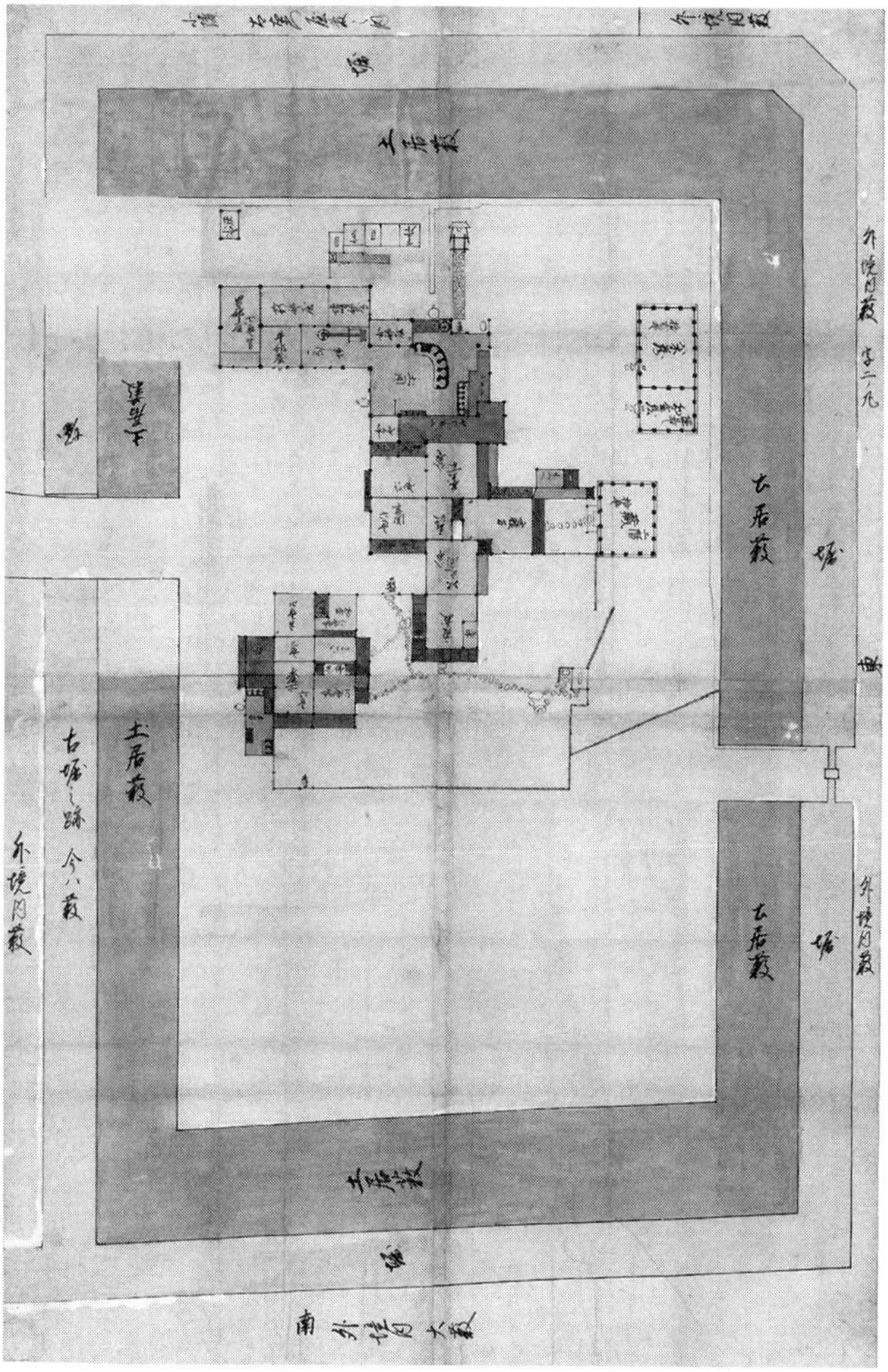

表9　千代原（上野荘散在地）の闕所住宅

	家　屋	屋敷地	畠
西弥四郎	間 4×5 （20坪）	丈 8×6 （約133歩）	丈 6×5 （約83歩）
太郎九郎	3.5×5 （17.5坪）	2×5 （約28歩）	3×3.5 （約29歩）
孫九郎	2×4 （8坪）	2×4 （約20歩）	

中世の柱間寸法は地域差があるので，家屋の面積は正確にはわからない．
出典は，西谷2018．

戦国時代には、土豪の平地居館は防御性を備えた城に発展をとげていた。土豪の城館は、地域の治《ち》安《あん》・防衛の拠点であったが、さらに、春の勧農《かんのう》や秋の収納において百姓が頻繁に出入りするところでもあった。こうした村の城は、もとより土豪の私有地ではあるが、村人にとって公共的な性格も有していた。

本格的農家住宅の出現

表9には、寛正《かんしょう》二年（一四六一）の史料によって屋敷地持ちの事例をあげた。いずれも上野荘《かみののしょう》の飛び地の千代原村の住人である。西弥四郎《いやしろう》は地侍《じざむらい》、太郎九郎と孫九郎は平百姓《ひらびゃくしょう》の兄弟であった（西谷・高島「中世後期における山城国上久世荘の家族と人口」）。

八坪しかない弟孫九郎の家は、現代の感覚では、一見狭く感じるかもしれないが、中世の建物は総じて小さいので、だいたいこれが村の中流クラスの住宅規模といってよいだろう。逆に、西弥四郎家（二〇坪）や太郎九郎家（一七・五坪）は、中世の村人の住宅として

図15　箱木家住宅（15世紀）

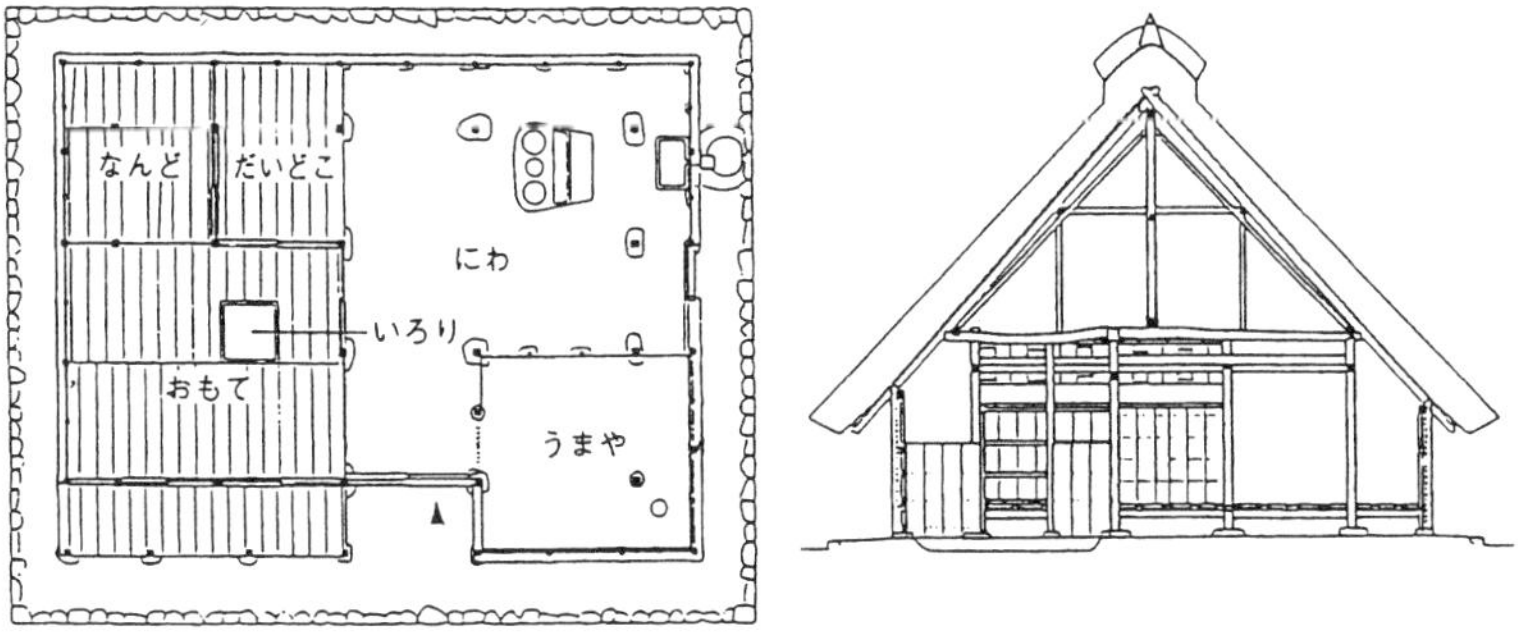

宮本長二郎「日本中世住居の形成と発展」（関口欣也先生退官記念論文集刊行会『建築史の空間』中央公論美術出版，1999年）より転載．

は上位に属する。西家と太郎九郎家には屋敷畠があるが、孫九郎家にはない。屋敷畠を含む総面積は、西家（約二一六歩）、太郎九郎家（約五七歩）、孫九郎家（約二〇歩）と結構な差がある。また、上久世の地侍三原氏の住宅は「西三間・奥四間」（一二坪）であった。中世の柱《はしら》間《ま》寸法には地域差があるが、京都府下では二・四mが主流だという。かりに三原家がこの柱間サイズとすれば、現存最古の民家とされる箱《はこ》木《ぎ》家《け》住宅《じゅうたく》（神戸市）と同じくらいの建坪になる（図15）。

箱木家は摂津《せっつ》国山田荘《やまだのしょう》の地侍と伝えられ、住宅の建設年次は室町時代前期にさかのぼるといわれる（『重要文化財箱木家住宅修理報告書』）。掘立柱ではなく、耐久性のある礎石《そせき》建ての家屋である。上屋柱《じょうやばしら》（家の構造の主体部分）が桁行《けたゆき》四間《けん》（九・四五二m）・梁行《はりゆき》三間（六・〇六一m）の規模があり、四周に下屋《げや》をめぐらして室内に取り入れる構造となっていた（室内は桁行一一・三九一m、梁行八・四二三m）。間取りは東半が土間《どま》、西半が三室で構成される床構造の、いわゆる「前座敷三間《まえざしきみま》取《ど》り」型で、土間には家畜部屋がおかれていた。当時は、家屋のなかで役畜《えきちく》を飼う舎飼《しゃが》いが一般的であった。西弥四郎家、太郎九郎家や三原家も、おそらく同様の間取りだろう。

箱木家住宅は、近代まで子々孫々と受け継がれ、「千年家《せんねんや》」と称された。もちろん、ここまで続くのは希有だが、このように室町時代になると、専門の建築職人の手にかかり、世代を超えて住み続けられる本格的な農家住宅が現れた。

家の売価

室町時代には、犯罪者の家を焼かずに解体して売るようになった。表10は、上久世・下久世の事例から、領主の検封により解体されて材木として売られた家の価格を示している。価格は一〇〇文〜七貫文と幅があるが、こうした売価の差は家屋の大きさ、つまり材木の使用量に比例していよう。

売価が高いのが、地侍の②三原家（七貫文）、平百姓の③与三家（五貫文）、④藤七家（六・三貫文）の三軒である。この価格帯の家は本格的な農家住宅であり、居住者は比較的豊かな村人（アッパーマス層）とみられる。前章「中世は核家族だった」でとりあげた上野荘の百姓兵衛二郎《ひょうえじろう》も、彼らと同じクラスの者だろう。兵衛二郎は牛一頭を飼い、牛に引かせる犂《からすき》・馬鍬《まぐわ》や鍬《くわ》・舂臼《つきうす》・杵《きね》・磨臼《すりうす》などの農具や鉞《まさかり》・槍《やり》・弓《ゆみ》を所持していた。牛

表10　解体された家屋の価格

被検封者	売　価
①兵衛九郎	1500文
②三原氏	7000文
③与三	5000文
④藤七	6300文
⑤六郎五郎（利倉下人）	200文
⑥兵衛太郎（利倉貞光下人） 衛門九郎 比丘尼庵主（道賢地上者）	３軒分で550文
⑦多福庵名主職地上者 公文下百姓	各屋1000文
⑧太郎次郎	700文（主屋600文・後屋100文）

出典は，西谷2018.

は舎飼いされたから、彼の家は前座敷三間取りとみられる。

①兵衛九郎家（一・五貫文）は、表9の孫九郎家程度の規模と考えられる。兵衛九郎家には障子《しょうじ》があった。⑦の「多《た》福庵《ふくあん》名主《みょうしゅ》職《しき》地《ち》上者《じょうのもの》」とは、下久世荘の寺庵《じあん》多福庵の所有地に家を建てて住む借地人を意味する。この者と公文の下《げ》百姓《びゃくしょう》の家は一貫文で売られた。八坪前後の広さは、村人の平均的なサイズの家屋である。本格的な農家住宅では、屋内に家畜部屋が設けられていたが、この程度の床面積では、屋内に牛部屋をおくのは難しい。こうしたサイズの住居に住む一家は、役畜を所有しない層とみられる。⑤と⑥の三軒、⑧の後屋は、売価が一

〇〇文〜二〇〇〇文と極めて安い。中世には、二〜四坪の一室、板間のない土座敷の狭小住宅も多かったが、これらはそうした粗末な家であろう。

食い違う村の家数と狭小住宅

暦応《りゃくおう》四年（一三四一）の領主東寺の土地台帳《とちだいちょう》には、上久世荘は「在家二三宇　敷地一町七反分」とみえる。中世の村・町にも借地人や借家人が住んでいた。これは、荘内に存在した家の総数ではなく、屋敷地所有者の戸数が二三軒ということだろう。ちなみに、当時の村民の名請人は三五人で、さらに土地台帳には現れない村人もいた。

家屋の軒数に応じて賦課する臨時の課税を棟別銭《むなべつせん》という。内裏と将軍の常御所《つねのごしょ》の造営のために、康正《こうしょう》二年（一四五六）と長禄《ちょうろく》三年（一四五九）に、室町幕府から山城国に棟別銭が賦課された。前者は上久世荘・下久世荘の合計で一九五軒、後者は上荘が四三軒、下荘が三九軒、と課税対象の家数を数えている。二つの棟別銭は時期が近いが、軒数が大きく食い違っている。

康正二年の際は、領主の東寺が調査して取り立てたが、長禄三年のほうは、領主は関与せず、室町幕府の奉行人が直接村に人を入れて実施した。後者では、先例とすべき前者の請取状《うけとりじょう》を入手できておらず、おそらく、村の者が奉行人方とうまく交渉して大幅な引き下げに成功したのだろう。とすると、実数に近いのは前者のほうであって、かりに後者の家数の比率を前者にあてて計算すれば、上荘の家数は一〇二軒となる。この数値が上荘の実際の家数の下限と考えられる。

賦課対象の家数に大きな開きが生じたのには、徴収者の調査能力や意欲に原因があることは間違いない。しかし、それ以上に、当時の民衆住居の独特な性格によるところが大きかった。

盗みを犯して殺された下久世荘の地侍新氏の下人は、「住屋《じゆうおく》なき者」といわれた。この「住屋なき者」は、文字通りに住み処のない者ではなく、カマドを備えないような貧弱な家屋に住む者を意味していた。こうした住居には、棟別銭などの公事《くじ》は賦課されなかった。室町・戦国期の村には、公事非課税の粗末な家とその住人が少なからず存在していた。上久世で三年違いの棟別銭で賦課軒数が倍以上違ったのは、貧弱な家を課税対象に数えるかどうかで村の家数に大きな開きがでたのだろう。つまり、中世後期の村には、簡易な狭小住宅が数多く存在していたのである。

平安末期ごろまでは、まだ竪穴式住居の住人もいた。中世後期にはそれはもうなくなったが、二～四坪の一室、土座敷の狭小住宅に住む者は少なくなかった。ルイス・フロイスは『日本史』のなかで、土間だけの粗末な百姓の家で藁《わら》を敷いて寝たと書いている。土座敷の家では、土間に籾殻《もみがら》や藁を敷いたうえに筵《むしろ》をかけて居間とした。

狭小住宅は村の惣堂や寺庵の境内、屋敷地所有者の屋敷地や畠地の一角などに建てられた。中世後期の村には、母懸《ははがかり》と揶揄《やゆ》される一人暮らしの若い独身男性が大勢いた。彼らの住み処はおおむね粗末で、調理場のカマドさえない家もあった。独居老人や貧者とならんで、一人暮らしの青年はこうした家のおもな居住者であった。しかし、青年にとって、そこは人生の通過点にすぎない。彼らは親元をでて、あばら屋からスタートするが、やがて結婚して家族をもつと、やや大きな家に住み替え、なかには親の住む本格的な農家住宅を受け継ぐ者もいた。

中世前期の民衆の家は掘立柱なので寿命が短く、一世代ごとに建て替えられた。一方、「千年屋」と称される箱木家住宅は、室町時代前期ごろに建てられ、昭和五〇年代まで住み続けられた。このように中世後期の村には、相変わらず頻繁に建て替えられる多くの粗末な簡易住宅が存在した一方で、超世代的に継承される、資産価値の高い、本格的な農家住宅が現れたのである。

別棟型二世帯住宅

親子二世代の世帯が敷地内に別棟を建てて近接して暮らす者たちもいた。長享《ちょうきょう》元年（一四八七）、荘園の公事銭《くじせん》催促に派遣された東寺の宮仕《みやじ》太郎次郎が、久世の宿泊先で百姓の腰刀《こしがたな》を盗み、その罪で住宅を検断された。太郎次郎は東寺近辺の御所前新屋敷《ごしょまえしんやしき》という集落の住人であったが、彼の屋敷地には主屋《おもや》と後家《うしろや》の二棟が建てられていた。解体した部材の売値が、主屋が六〇〇文、後家が一〇〇文というから、ここの後家は、およそ広さ二坪程度の粗末な建物であろう。後家は、後《うしろ》在家《ざいけ》・奥屋《おくや》ともいう。

子供や隠居《いんきょ》が敷地内に後家を建てて住む風習は、中世後期の畿内近国ではかなり広がっていたらしい。『菅浦文書《すがうらもんじょ》』に、家屋の形状や持ち主ごとに棟別銭の負担額を細かく規定した、近江国《おうみのくに》の戦国大名浅井氏《あざいし》の法令があり、後家《うしろや》には本家《ほんや》（主屋）並みに最高額の一七三文をかけると定めている。従来、この後家は寡婦《かふ》と理解されてきたが、田中克行が隠居屋と解釈すべきことを明らかにした（『中世の惣村と文書』第Ⅱ部第一章）。

戦国大名の法であれば、領国における後家、つまり別棟隠居慣行の広がりが想定できる。また隠居というと、家長権を息子に譲って余生を送る年寄りをイメージするところだが、民俗事例によると、必ずしもそうとは限らない。庶民の間では、「インキョ」という言葉を老親の意味ではなくて、世帯分離によって新しく形成された分家の意味に使用する地域が広く日本全域におよんでいた（『日本方言大辞典』）。近江国では、後家が本家と同水準の重い負担を課されていた。これは、同じ屋敷地に居住する親世帯（隠居世帯）と子世帯が、ともに現役であり、また、それぞれ家計と経営を別にしていたからだとみてよいだろう。

変化する家族関係

日本の家、中国の家

日本語では、英語のファミリーに相当する身近な親族集団を、通時代的に、家ないし家族と称した。語史的にみると、家族よりも家のほうがはるかに一般的であり、古代から連綿と用いられてきた。現代人にとって家族は馴染《なじ》み深い言葉だが、江戸時代まではそうではなかった。近世・近代における家族の用例を検討した教育学者の広井多鶴子によると、家族（家属）は「家の族《やから》」を意味し、今日のいわゆる家族ではなく、一族や親族をさした。それが幕末から明治初年にかけて、家族はファミリーの翻訳語として使われはじめ、西欧的な近代家族（核家族）のイメージに引き寄せられて今日の意味内容をもつ概念として定着した（「家族概念の形成」『実践女子大学人間社会学部紀要』七）。

東アジアの漢字文化圏では、家族を表すのに同じく「家」の語をあててきたが、家の構造は地域・時代によって異なる。各地域の伝統社会は、いわゆる「近世」に形成された。日本では江戸時代、中国では清朝時代ごろであり、やはり「伝統的」とされる家族形態もこのころ確立した。ここでは、日中の伝統的家族（家）を概観しよう。

日本の「家《いえ》」は、家業《かぎょう》・家産《かさん》・家名《かめい》をもつ法人であった。今日の会社が人員の交替にかかわらず続いていくように、家《いえ》は世代を超えて永続すべきものと観念されていた。家督《かとく》による長子単独相続が基本であり、また、各世代の一組の夫婦が同居する直系家族世帯を理想の家族形態とした（家督には家長と跡取りの両義がある）。兄弟の関係は不平等であり、跡取りの兄は直系として優遇され、それ以外の子供は傍系として低位におかれた。家《いえ》を継ぐ直系に対して、傍系は家《いえ》を去ることが予定されていた。傍系の者は嫁や養子となって他家に入り、また事情が許せば、財産を分与されて本家から別れて分家を立てた。

中国（漢族社会）の「家《チア》」は、「同居共財」の大家族を理想とする（瀬川昌久「民家の間取りに現れた家族のかたち」『アジア遊学』七四〈特集　アジアの家社会〉）。父系社会の中国では、兄弟が結婚後も実家にとどまり、父母、息子たちとその妻、孫たちからなる大家族を形成した。兄弟は対等であり、跡取りである家督の地位は存在しない。本家に対して別家を立てる日本語の分家《ぶんけ》とは違って、中国語の分家《フェンチア》は、父親を中心とした大家族の家《チア》が、世代交代によって息子たちの家族（家）に分裂することを意味する。分家によって大家族の財産は息子たちの間で均分され、複数の生活単位としての家が新たに生じる。超世代的な日本の家《いえ》と異なり、中国の家《チア》は世代ごとに消滅と生成を繰り返した。

また、中国語の「家《チア》」は、同居家族のほかに広く男系の血筋を表し、父系出自集団の宗族も家と称された。生活共同集団としての家《いえ》の存続に価値をおいた日本に対して、中国において重視されるのは、後者の家《チア》、つまり父系出自に基づく系譜の永続であった。中国では、血筋は「気」と表現される。生命の本源である「気」は、男系の血筋を通じて元のまま減ずることなく受け継がれていくから、父・子のうちに生きる生命そのものは同一（「同気」）であり、子を父の生命の延長ととらえるのが、中国人の生命観であった（滋賀秀三『中国家族法の原理』）。そして、この観念によると、父系の一族も「同気」の者といえる。中国の慣用的表現を借りれば、中国社会では、「一つの幹から無数の枝葉が生い茂るように」、男系の子孫が生き残り、その血筋（すなわち「気」）をうけた者たちが増え栄えてゆくことが理想とされた。

このように日本の家《いえ》と中国の家《チア》は対照的であるが、実は、家《チア》と日本中世の貴族の家には似たところがある。平安・鎌倉時代において家は、中国と同じく、狭義には同居家族を表し、広義には父系出自の一族を表したのである（西谷『日本中世の所有構造』第三編）。当時、重視されたのは父系出自の系譜の永続であり、たとえば、摂関家《せっかんけ》九条流の藤原道家《ふじわらのみちいえ》から三つの摂関家の家系が派生したことが末の世に珍しい僥倖《ぎょうこう》といわれたように、男系の血筋が末広がり的に増殖していくことが理想とされた。なお、史料にしばしば「家を継ぐ」という表現がみえるが、これは父祖の政治的地位や父系出自集団を継承することを意味しており、後世的な団体としての家《いえ》を相続することではない。貴族層においても生活共同集団の家は、前章でみたように、世代ごとに生成と消滅を繰り返す核家族であった。そして、中世前期には日本的な家《いえ》は未成立であったから、後世の日本人にはお馴染みの本家・分家の対語もまだ存在していなかった。

派手な兄弟喧嘩

上久世の住人に太郎衛門《たろうえもん》と孫九郎《まごくろう》という兄弟がいた。後で紹介する永正《えいしょう》四年（一五〇七）の土地台帳において、兄の太郎衛門は平百姓中第一位、全体でも第六位の田地一町六反余を名請けするなかなかの大物であった。弟の孫九郎は出家して智源《ちげん》と名乗っていた。出家前は手広く経営していたが、永正四年帳の段階では、すでに代替りしていたらしく、そこには名前がみえない。ささいなことから老兄弟の間でいさかいが起こり、村や本所《ほんじょ》を巻き込んだ大騒動になった。この文亀《ぶんき》二年（一五〇二）の兄弟喧嘩を紹介しよう。

孫九郎は田地三〇〇歩を兄の太郎衛門に下作させていた。孫九郎の言い分はこうである。

去年一〇月ごろ、太郎衛門が「来作から返す」といってきたので、裏作《うらさく》の麦は自作した。ところが翌春、太郎衛門が「作りたい」と詫言《わびごと》（申し入れ）をしてきたが、もう別人に任せていたので断った。去年の未納分があったので、今年の六月一八日に取立てにいった。太郎衛門も納得のうえで相当分を質《しち》にとったのに、蒸し返すのはとんでもないことだ。

一方、太郎衛門はこのように反論する。「私が返すといった」というのは全くの空言《そらごと》で、年貢米の未進《みしん》を理由に作職《さくしき》を取り上げられたのだ。未進分はすでに支払い済みだし、もとのように預けて欲しいと使者を遣わしてずっと弥九郎に詫言をしてきた。それなのに作職を取り上げておきながら、未払いが残っているといって強引に麦を質物に取っていった。相論の最中に質を取るのは謂《い》われがないので、公文殿も質物の麦は中に置く（訴訟が決着するまで第三者が保管する）ように命じられた。

孫九郎は「返すといった」、太郎衛門は「いや、いってない」と言い張り、両者ともに「火をつかむ」（鉄火取《てつかど》りをする）といって一歩も引かない。いい年をして子供の喧嘩のようだが、売り言葉に買い言葉で、神裁《しんさい》（鉄火起請《てつかぎしょう》）におよぶすんでまでエスカレートした。内輪喧嘩に巻き込まれて、公文や年寄衆は内心迷惑していたのだろう。「御本所の御《ご》成敗《せいばい》を仰ぐ」と称して、判決を領主の法廷に放り投げている。

在地裁判や二毛作の史料としても面白いが、ここでは兄弟の関係に注目しよう。孫九郎は出家を機に、自身は農耕を退いて他人に耕作を任せ、その一分を兄に預けていた。この一件では、兄だからこうあるべきだ、弟だからこうすべきだ、といった規範意識が微塵もなく、兄弟は対等という印象をうける。

民衆家族の転換期

中世民衆の家族は核家族であったが、近世には、民衆の間でも直系制家族である家《いえ》が一般化した。中世後期の一五・一六世紀は、民衆家族の転換期にあたる。中世社会は地域差や階層による個体差が大きく、したがって変化もそれぞれ跛行《はこう》的に進んでいった。

家《いえ》では、跡取りの長男が特別に優遇されたが、核家族では、子供たちは成人に達すると、全員が親元から離れてそれぞれ独立の世帯を創設する。兄弟は対等であり、親の財産は兄弟姉妹に分与された。ただし、兄弟平等の原則に準じて厳密に財産を均分した中国の家《チア》に対して、日本では、平等の原則には無関心であり、親が裁量によって自由に財産を処分することができた。また、核家族では、一般に親子関係は自由主義的《リベラル》であるといわれるが、日本の場合には、親権《しんけん》がかなり強力だった。親は意に反する子に対して親子関係を断絶（義絶《ぎぜつ》）することができたし、いったん譲った財産を取り戻す（悔返す《くいかえす》）こともできた。また、親が子を質入れすることも社会的に認められていた。

家《いえ》は跡取りによって代々継承されていく永続的な団体であった。一方、核家族は結婚によってはじまり、夫婦の一方の死により消滅する、世代ごとに更新される夫婦家族である。それゆえ核家族には、基本的に跡取りは存在しない。しかし後述するように、ここに親子・兄弟の家族関係が変化し、親の住居と財産の大方を継承する跡取りが出現した。

中世民衆の子供は成人すると両親の家（家屋）をでて、自分の家に住んだ。家は、食事や性行為などの親密な身体的行為を営む生活の場として、人間にとって重要なものだが、中世民衆の家は寿命の短い掘立柱式の建物であり、相続財産としての価値は低かった。しかし室町時代には、礎石《そせき》建ての耐久性のある本格的農家住宅が出現し、世代を超えて代々相伝《そうでん》されるようになる。一家にとって共通の場である親の家を相続した者は、やはり特別な存在とみなされただろう。財産相続慣習や居住形態には、その地域・時代の家族関係や社会の価値体系が姿を現す。以下では、上久世荘の事例を中心にして、財産相続や居住形態から家族関係の変化を探っていこう。

永正四年の上久世荘散用帳

上久世荘には、(1)永正《えいしょう》元年（一五〇四）の「指出《さしだし》」、(2)永正四年の「散《さん》用帳《ようちょう》」、(3)永正六年の「散用状《さんようじょう》」、という時期が接近した三つの土地台帳が残っている（「東寺百合文書《とうじひゃくごうもんじょ》」『教王護国寺文書《きょうおうごこくじもんじょ》』）。文亀《ぶんき》元年（一五〇一）に公文寒川《さむかわ》左馬允《さまのじょう》が主人の細川政元《ほそかわまさもと》の勘気《かんき》をこうむり、その知行分が没収されて武家領となって以降、上久世荘は東寺支配地と武家給人支配地に分かれていた。(2)は荘全体のデータであるが、⑴と⑶は全体の四五％にあたる当時の東寺支配地に限られている。⑵と⑴・⑶で数値が違うのはそのためだが、これらの記載の変化から地侍層の相続と経営のあり方をうかがうことができる。まずは、永正四年の「散用帳」によって、当時の上久世の土地所有状況を概観しておこう（西谷「荘園村落の世界」）。

ここに名請人として現れるのは、領主（本所）に年貢・公事の納入義務を負う「百姓」である。実際には最大の地主であった荘官の公文や不在地主たちは現れない。この段階では、公文は農業経営から離れ、不在地主的な存在と化していた。「百姓」は名請地の土地用益権をもつが、自作することも小作《こさく》にだすこともともにあり、また「百姓」自身が地主の場合もあった。表11では、上久世荘の住人に限定して名請人を規模ごとに整理した（面積は全荘田の九四％にあたる）。つまり、ここからは、当時の村人にとって重要な権利となっていた、荘内の土地用益権の所有状況をうかがうことができる。

占有率は侍分が約五四％、寺庵が約一四％、

表11　永正４年上久世荘算用帳の名請人（田地のみ）

名請面積区分	人数	面積合計
		反　歩
５町以上	1(0)	92. 030
２町～５町未満	3(0)	100. 300
１町～２町未満	11(4)	150. 000
５反～１町未満	17(11)	125. 180
３反～５反未満	8(5)	30. 120
３反未満	23(17)	40. 060
合計	63(37)	538. 330

人数の括弧は，地下百姓の人数である．
他荘の者（３町120歩）や伊勢講田・頭田（３反）の名請地は除いた．
出典は，西谷2018．

平百姓が三二%をしめ、寺庵の多くは侍衆の「同名《どうみょう》寺庵」（一族の者が代々住持を務める寺）であった。つまり、村人口の二割にあたる地侍層が、全体のおよそ三分の二の権利を握っていたことになる。第一に、地侍層の優位が指摘できる。しかし、平百姓のなかにも一町超の名請地をもつ有力者が四名いる。一般的傾向として、地侍は規模が大きく、平百姓は小さいといえるが、地侍のなかにも三反未満の者が六名いるから、一概に身分によるわけではない。

表11では、六三件のうち六つの寺庵を含むので、これを除くと、地侍が二〇名、平百姓が三七名となり、あわせて五七名である。村の成人男子大半が署名した長禄三年の起請文では、地侍が二一名、平百姓八五名で、合計は一〇六名を数えた。両者には倍近い人数の開きがあるから、名請人として名前がでてこない大勢の住民が存在していたことがわかる。そして、名前の現れない者たちの多くは、前述したように、農業労働市場の重要な担い手であった若者たちであったとみられる。

地侍層の相続と経営

地侍層の相続と経営のあり方をみてみよう（西谷・高島「中世後期における山城国上久世荘の家族と人口」）。上久世を代表する地侍の一族、利倉《とくら》氏の推定系図を掲げる（図16）。表12は、⑵永正四年「散用帳」から利倉氏・和田氏の名請地の面積を示した（数字は名請地の広さの順位）。

図16　利倉氏系図

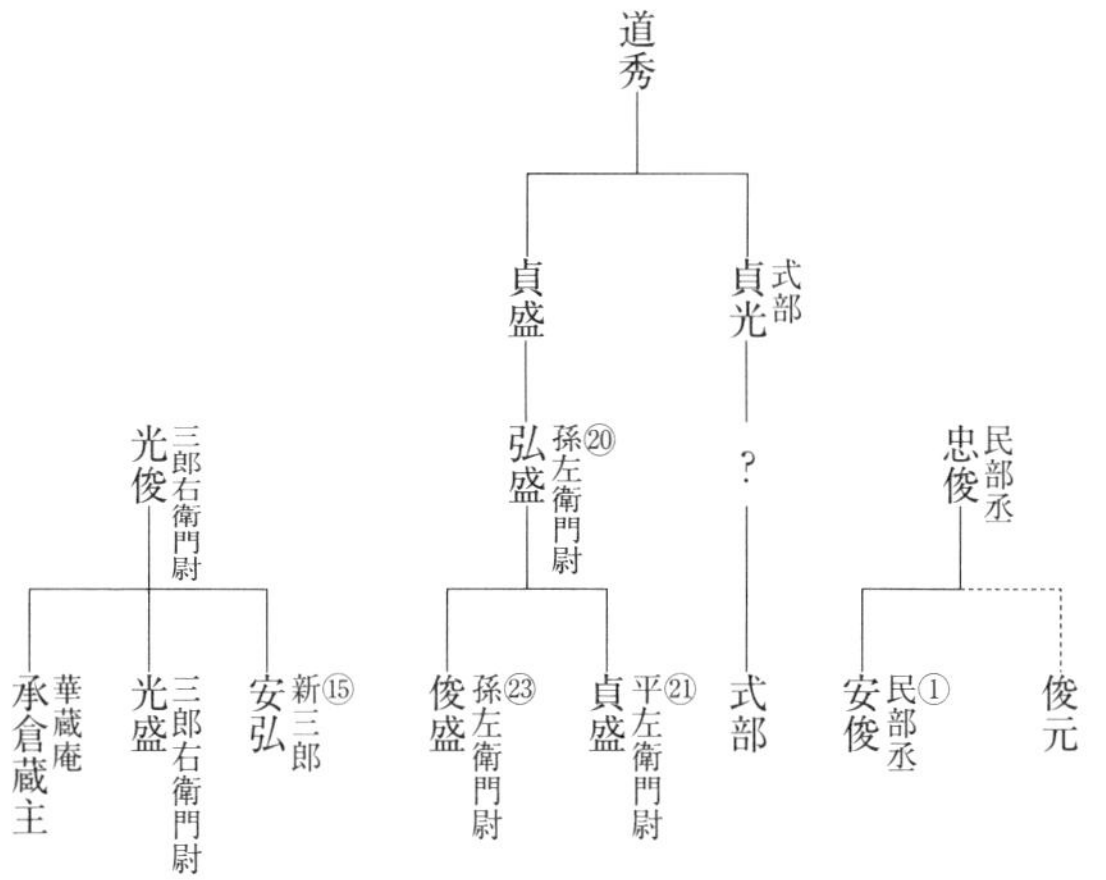

表12　永正4年「散用帳」の利倉氏と和田氏

名　請　人	田地面積	備　考
	反　歩	
①利倉安俊	92.030	民部丞家
②和田光俊	39.180	
④利倉三郎五郎	23.120	式部家カ
⑧和田光長	14.270	
⑮利倉安弘	10.060	右衛門尉家
⑰和田光貞	9.060	
⑳利倉弘盛	8.300	左衛門尉家
㉑利倉貞盛	8.120	左衛門尉家
㉓利倉俊盛	8.060	左衛門尉家
㊼和田光実	2.120	
㊾和田行貞	2.060	

数字は名請地の広さの順位.
系図の丸数字は表の丸数字と対応する.

系図の上方にみえる利倉掃部入道道秀《かもんにゅうどうどうしゅう》は、応永《おうえい》二七年（一四二〇）にはすでに出家しており、一五世紀前半に活躍した人物である。利倉氏の一族は道秀との系譜関係が不明な者も含めて、民部丞《みんぶのじょう》の官途を名乗る一家、式部《しきぶ》を名乗る一家、左衛門尉《さえもんのじょう》を名乗る一家、右衛門尉《えもんのじょう》を名乗る一家、の四つに分かれていた。分割相続の結果とみてよいだろう。室町期の上久世ではすでに耕地の拡大は望めなかったが、一五世紀の段階では、生産性の上昇によって分割相続をおこなう余地が充分にあった。なお、利倉氏のような地侍は、大名の直臣《じきしん》ではなく、「諸人郎従《しょにんろうじゅう》」とよばれる陪臣《ばいしん》であった。一五世紀には、こうした層の者たちが武家の被官《ひかん》化し、官途を名乗ることが全国的に広がっていた（山田貴司『中世後期武家官位論』）。彼らの官途は、村の宮座ではなく、大名直臣の彼らの主人筋から認められた称号だろう。

系図の下方は一六世紀初頭の人々である。利倉忠俊《ただとし》と安俊《やすとし》は親子とみられる（民部丞家）。明応《めいおう》九年（一五〇〇）当時には、父忠俊は出家して昌玄《しょうげん》と名乗っていた。(1)（永正元年「指出」）では、忠俊が四町弱、安俊が二町六反と、親子がそれぞれの名請地をもつが、(2)・(3)（永正六年「散用状」）では両方とも安俊分となる。安俊が父の分を相続したのだろう。(1)で別個に指出を提出したのは、親子の経営がそれぞれ独立していたからだと考えられる。この家は、(2)では、第一位の九町三〇歩の名請地面積を誇っている。

確証はないが、おそらく利倉俊元《としもと》（俊家《としいえ》）は、忠俊の子で安俊の兄だろう。文亀二年（一五〇二）に下司職の補任《ぶにん》をめぐって生じた他の地侍たちとの確執のせいかはわからないが、なぜか父の財産を相続していない。永正一二年（一五一五）ごろ俊元と安俊の相論が起きたが、永正一三年末には、俊元の村政への復帰が確認できる。両者の相論は相続財産をめぐる争いで、決着がついて財産が分割されたのだろうか。俊元は、享禄《きょうろく》二年（一五二九）ごろ武将の柳本賢治《やなぎもとかたはる》によって闕所《けっしょ》（財産没収）に処され、「本人分」三町九反三三〇歩と同名寺庵の大宝庵分二町一二〇歩が没収された。「本人分」のうちには、妻自身が経営する妻の所有地五反が含まれていた。妻の分は実家から相続したのだろう。

利倉弘盛《ひろもり》と貞盛《さだもり》・俊盛《としもり》は親子とみられる（左衛門尉家）。(2)では、弘盛が八反三〇〇歩、貞盛が八反一二〇歩、俊盛が八反六〇歩と、親・兄弟がほぼ均等に名請地を所持している。それぞれ独立的な経営とみられる。なお、第四位の利倉三郎五郎《さぶろうごろう》は、おそらく式部家の者だろう。

利倉安弘《やすひろ》は光盛《みつもり》と華蔵庵《かぞうあん》の承倉蔵主《しょうそうぞうす》の兄である（右衛門尉家）。(1)では一家三人が指出をだしているが（兄五反に対して弟たちは一反ほど）、(2)では兄安弘の名請地（一町六〇歩）だけがみえる（三人分を安弘分として一括記載したのだろうか）。この一家では、家の所帯が小さいことから兄を優先した相続になったのだろう。光盛は小身だが、兄安弘ともども村

図17　和田氏系図

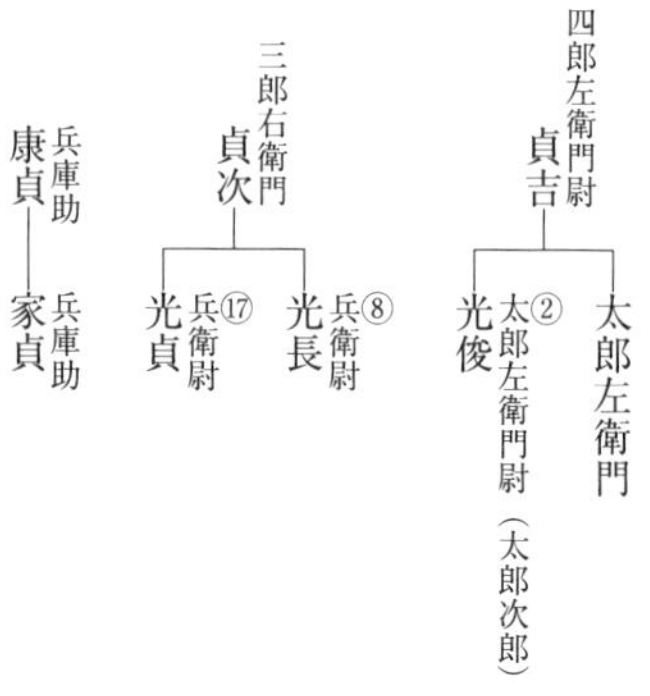

の公務に参与している。永正一三年五月、華蔵庵をめぐる争いで安弘と承倉が討たれ、結局、光盛が家を継承していくことになったとみられる。

続いて、和田氏の推定系図を掲げる（図17）。一六世紀初頭ごろの人々である。同時期に活躍した貞吉《さだよし》と貞次《さだつぐ》は兄弟の可能性があるが、確かな証拠はない。左《さ》衛門尉《えもんのじょう》の官途を名乗る一家、兵衛尉《ひょうえのじょう》を名乗る一家、兵庫助《ひょうごのすけ》を名乗る一家などがある。

明応元年（一四九二）八月二二日、左衛門尉家の太《た》郎左衛門《ろうざえもん》は喧嘩で村人の浄久《じょうきゅう》父子を殺害した。怒った浄久の親類が押し寄せて家に放火し、太郎左衛門は逐電した。太郎左衛門の弟光俊《みつとし》の名請地は、親の財産の大方を相続したのだろうか。和田光俊は、第二位の三町九反一八〇歩であった。

兵衛尉家の貞次《さだつぐ》と光長《みつなが》・光貞《みつさだ》は親子とみられる。貞次は購入した屋敷地を分割して光長・光貞に譲っている。(1)では、父貞次が一町一反三〇歩（そのうち五反三〇歩が光長分とされる）、弟光貞が六反一二〇歩、と独立して記載されているが、兄光長の分は父の「内分」とされている。おそらく、永正元年の段階では、兄は父と同居していたので、独立的に経営していたけれども、父の分に含めて本所に申告したのだろう。その後、父貞次は出家を機に自分の所持分を処分したらしい。永正四年には、貞次の名請地は消え、兄一町四反二七〇歩、弟九反六〇歩となった。兄が父の分を相続したのだろう。

武士階級では、一五世紀になると単独相続制が一般化した。一方、地侍層にとって一五世紀は、まだ分割相続と分家（分裂の意味の分家）の時代であった。ここでは、親の生前（現役）段階ですでに女子を含めて財産を分割譲与し、各人が独立的に経営をおこなっていた。中世後期における農業生産力の向上と請負経営の拡大が、こうした相続・経営形態が実行できた前提と考えられる。しかし、一六世紀を迎えたころには、農業の成長も限界に近づいていた。上久世では、所帯の小さい一家からはじまって、分割相続による財産の細分化を避けるために特定の子を優遇する傾向が強まっていた。ただし、分立した家々の関係については、この家は兄の家筋《いえすじ》で格上（直系）、あの家は弟の家筋で格下（傍系）といった、はっきりした家の序列意識はまだ存在していなかったとみられる。

中世の事例で「同名中」とよばれた同族の内部関係がもっともよくわかるのは、坂田聡が論じた丹波《たんば》国山国《やまぐにの》荘《しょう》の西家一族である（『日本中世の氏・家・村』第五章）。明確な本末《ほんまつ》の序列（本家・分家）がみられる近世の村の同族団《どうぞくだん》と異なり、中世に分立した家々は、同格か同格に近い関係にあった。中世の同名中の家々は、財力の多寡《たか》にかかわらず、家々が基本的に対等な関係にあったのである。

夫婦一代ごとに更新される核家族に、本来、跡取りは存在しないはずである。ところがそこに、実家に残って他のキョウダイよりも明らかに優遇される者が現れる。

跡取りの登場

上久世荘の地侍和田道成《どうじょう》は、永享《えいきょう》九年（一四三七）四月、臨終にあたって住宅の奥屋《おくや》を建仁寺《けんにんじ》に入った息子に譲り、禅寺にするように遺言した。奥屋とは、敷地内に建てられた、主屋《おもや》とは別棟の建物のことで、後家《うしろや》・後在家《うしろざいけ》ともいう。しかし、上久世荘の領主東《とう》寺鎮守八幡宮供僧方《じちんじゅはちまんぐうくそうかた》は、「寺領では禅院の造立を禁止してきた」として、これを認めなかった。そこで翌年、道浄の「遺跡《ゆいせき》」の与五郎《よごろう》が、奥屋を小庵に仕立てて、ここに後家《ごけ》（道成の妻）と身内の僧侶を住まわせ、後家を尼《あま》にして亡父の菩提を弔わせたいと再び願いで、後家の一期《いちご》（生存中）を条件に許された。おそらく道成は、出家を契機に隠居《いんきょ》して跡取りの与五郎夫婦に主屋を譲り、親の道成夫婦が奥屋に移り住んでいたのだろう。

近代の西南日本の庶民家族では、親夫婦（隠居）と跡取りの長男夫婦の二つの核家族世帯で一つの家族をなす隠居複世帯制家族が、散在的ではあるが、かなり広範囲にわたって分布していた（姫岡勤・土田英雄・長谷川昭彦編『むらの家族』第一二章）。この複世帯制家族は、別居・別炊・別財の原則を有していたので、一方では、親子の世帯は相互に独立した二つの核家族世帯であると同時に、他方では、村のなかでは全体が一つの家とみなされる有機的な統一体を形成していたという。複世帯制家族は、「核家族」類型から「直系家族」類型に移行する過渡的な家族形態として位置づけられている。

みぎの和田氏の事例は、隠居屋が檀那寺（同名寺庵）にむかうケースだが、より一般的なのは、家長夫婦と息子夫婦が住み替わっていく展開である。中世には、結婚した子供が親の家をでて独立した世帯をもつというルールが、深く社会に根ざしていた。同じ屋敷地に住む親子の夫婦が二つの核家族世帯として存在したのは、この慣習に基づいている。一方、屋敷地単位でみれば、子供たちのなかでただ一人が家にとどまり、その一子が、実質的に親の家の継承者となった。こうした同居を世代的に繰り返すことにより、家族に属する財産・職業・社会的地位などを超世代的に保持し、《家長—跡取り》のラインで家を単線的に維持・再生産していく直系制家族が、民衆世界にも姿を現したのである。

山城国山科《やましな》東荘の政所は上田《うえだ》氏が務めたが、康正三年（一四五七）に現れる初代以来、二郎右衛門《じろうえもん》（二郎九郎）を名乗る者が親子四代にわたって世襲した（志賀節子『中世荘園制社会の地域構造』第Ⅰ部第六章）。一五世紀末ごろに成立した上野荘の政所家でも、先に紹介したように、代々の太郎衛門《たろうえもん》（太郎三郎）がその職を受け継いでいった（一四〇頁）。こうした襲名《しゅうめい》によって各世代の一人に単系的に継承される個人名は、その者が世代における正統な相続人であることを明示しようとしたものにほかならない。

土地財産を処分した譲状《ゆずりじょう》は多いが、家督の地位の譲状はかなり珍しい。天正《てんしょう》三年（一五七五）、丹波国山国荘上黒田《かみくろだ》村の吹上三郎治郎《ふきあげさぶろうじろう》は、息子の三郎右衛門《さぶろうえもん》に宛てて家督の譲状を認《したた》めている（「吹上家文書」）。

御先祖の「跡」（跡目《あとめ》）を譲り受けて私は「跡」（家督）に立ってきたが、老年となった。よって子息（三郎右衛門）に「跡式《あとしき》」と「名前」（家督・財産と家名）を譲る。しかるうえは、子々孫々に至るまで相違なく「遺跡」（家督）に立てるものである。

家督の語は、中国や日本の平安時代には長子の意味に用いられたが、後に、家の相続人をさすようになった。跡式（跡職）は、分割相続が普通であった鎌倉時代には、相続対象の財産一般を表したが、支配階級で単独相続制が広まった室町時代には、家督の地位とそれと一体化した家産の結合体を意味するようになった。また同時に、家の象徴として家名（名字）が尊重され、家の継承を「名字の相続」、家の滅亡を「名字の断絶」といった。ここでは、家を家産・家名をもつたしかな社会的実在として認識し、「御先祖から自分、自分から子息へ」と、先祖代々家を受け継いでいくことが願望されている。

坂田聡はみぎの家督譲状をあげて、畿内近国において日本的な永続性のある百姓の家《いえ》が成立した時期を一六世紀ごろとする（『家と村社会の成立』第二章）。基本的に従うべき見解であるが、そうした家が村のなかでどれくらい一般的であったかを判断するのは容易ではない。私見では、家《いえ》を成立させていたのは、本格的な農家住宅に住むようなアッパーマス層以上に限られ、村人の多数派はまだ核家族の段階にあり、均分的な分割相続を続けていたと考えている。

二世代同居の家族戦略と婿養子

近代の隠居複世帯制家族は、それぞれ独立的な核家族であったが、実際の生活では、生産・消費をはじめ様々な場面において密接に協力した。中世の複世帯制家族もまた同様の協力関係にあったに違いない。

二世代同居という家族形態は、中世後期の村の上層民が家格《かかく》・家産・家業を維持していくためにとった家族戦略であった。そこで長男子が選好された第一の理由は、農業が男の仕事であったことをはじめ、年長の男子を選ぶのが家の再生産にとって有利だからである（端的にいうと最初に大人になる）。逆に、巫女《みこ》や遊女《ゆうじょ》のような女稼業の家ならば、おのずと別の選択肢が浮上してくるだろう。

前節で述べたように、中世後期の畿内近国において親子の二世帯住宅には一定の広がりがあった。なかには、長男以外の者が親元にとどまるケースもみられる。

大坂石山《おおさかいしやま》の本願寺寺内町《ほんがんじじないちょう》の新屋敷檜物屋町の町人に衛門四郎《えもんしろう》という者がいた。彼が天《てん》文《ぶん》四年（一五三五）に討ち死にし、その跡職をめぐって娘婿の又四郎《またしろう》と北町に住む衛門四郎の弟与三郎《よさぶろう》の間で相論がおきた（『天文日記』天文五年四月二六日条）。ここの跡職は、家督ではなく遺産や商売の意味だろう。双方ともに故人から譲られたと主張したが、娘と添い遂げるならば又四郎に跡を譲るとした、衛門四郎の譲状に基づいて娘婿側が勝訴した。中世史家の久留島典子が推測するように、おそらく又四郎夫婦は、衛門四郎の大病を機に娘親の家に引っ越してきたのだろう。衛門四郎の生前に重病の父親から譲りをうけた又四郎夫婦は、跡職を継ぐために父の家の主屋に移り住んだが、その後父親が持ち直したので父が主屋に戻り、又四郎夫婦は奥屋に入ったところが、衛門四郎が討ち死にしたという。

日本の伝統的な家《いえ》は、直系的な系譜関係にこだわるところに一つの特徴がある。衛門四郎の跡職を相続した又四郎は婿養子《ようしんし》ではない。婿養子とは、家督を相続させるために、婚姻関係に加えて妻の親と養親子関係を取り結ぶ制度である。弟を跡継ぎにする場合も直系継承の原則を満たすために弟を養子にとった。養子は、本来の跡取りではない子以外の者を正統な継承者に擬制するための制度である。一方、衛門四郎が弟や婿を養子にとった形跡はない。彼の関心事は、かわいい一人娘の行く末や自身の菩提の弔い、事業の継続などであって、家系的な系譜の連続性自体には取り立てて価値をおいていなかったのだろう。

公家の名門久我《こが》家の名字《みょうじ》の地《ち》である久我荘《こがのしょう》（京都市伏見区）は、上久世と同じく桂川《かつらがわ》の左岸に立地し、ここの名主に壇を名乗る地侍の一家がいた。壇家の者は、室町幕府管領細川家の宿老《しゆくろう》香川氏《かがわし》の被官となっていた。文明一一年（一四七九）、敵方（西軍）に与同したとみなされて壇小二郎の知行分が闕所に処された際に、主人の香川が救済を申し立てている（『久我家文書』）。

壇の道《どう》せい入道時より香川被官にて候。仍《よつ》て一人娘の候《そうらい》しを、下京《しもぎょう》たちばな屋の二郎左衛門を婿に取り、その子を壇入道跡譲りに仕《つかまつ》り候て、遺跡《ゆいせき》悉《ことごと》く継がせ候。今の小二郎が事にて候。彼の二郎左衛門事は婿までにて、性智院殿様《しょうちいんどのさま》（細川持元）の御中間に参り候。壇に関わらぬ者にて候。久我に居住仕る事は、今度一乱（応仁の乱）の時分よりの事にて候。

壇家の者は道せい入道の時から香川の被官になっていた。道せいは、一人娘に下京たちばな屋の二郎左衛門を婿に取り、孫の小二郎を跡取りにした。二郎左衛門は婿までの者で、壇家とは無関係であり、久我に居住したのも応仁《おうにん》の乱以降のことである。以上が香川の主張の概要であるが、中世史家の早島大祐は、香川が壇家と二郎左衛門の関係をことさらに否定するのは、敵方に付いた二郎左衛門に連座《れんざ》するのを避けるためと推測する（『足軽の誕生』）。父と違って息子の壇小二郎は香川のもとで東軍として戦ったから、闕所処分は不当だとの理屈である。

室町時代には、公家や武家では、婿を跡継ぎにする場合には、直系継承を擬制《ぎせい》するために敢えて婿養子にした。ここで二郎左衛門は「婿まで」としたのは、《跡取りの婿養子にはしていない》という意味の申し開きである。だが、一人娘の産んだ小二郎は外孫養子として家《いえ》を継ぎ、壇の名字を名乗っている。二郎左衛門が原因で壇家の知行分が闕所にされたのは、やはり彼が、壇道せいの婿養子となって壇を称し、壇家の者とみなされたからではないだろうか。

一五世紀前半ごろから地侍層の武家被官化が急速にすすむことが指摘されている。地侍たちの武家奉公を契機にして、家名（名字）に象徴される家《いえ》の存続を至上の価値とし、家系の系譜的連続を重視する支配者階級の家文化が、次第に在地社会に浸透していったとみられる。

単独相続制にむかう地侍家族

豊前《ぶぜん》国宇佐郡《うさぐん》元重村《もとしげむら》（大分県宇佐市）の地侍元重鎮頼《しげより》は、天正六年（一五七八）、大友氏《おおともし》の日向《ひゅうが》遠征に従軍し、日向国高城《たかじょう》（宮崎県都城市）で戦死した。子供のなかった鎮頼は、出陣を前にして、「家連続のため」に一族の元重鎮弘《しげひろ》の娘菊を養女にとった。鎮頼の戦死後、大友義統《おおともよしむね》は菊女の「跡式相続」を認め、菊と結婚した婿養子の統昌《むねまさ》が家を継いでいる。元重鎮頼には、子孫にむけて地侍の家のあり方を書き残した、著名な天正二年の置文《おきぶみ》があるが、そのなかに次のような条文がみえる（櫻井成昭「当館所蔵元重文書について」『大分県立風土記の丘歴史民俗資料館研究紀要』一一）。

①親の存命中に家嫡（惣領）に財産を皆譲り渡しなさい。ただし、財産の管理は親がせよ。

②子孫が多いのは、もちろんよいことだ。しかし、本領《ほんりょう》の元重名《もとしげみょう》の内は二男・三男等に分与してはいけない。

③子孫が多ければ、他家から（養子に）望まれれば早々に相談せよ、村の寺から相談があれば出家させよ。

永禄《えいろく》一〇年（一五六七）、鎮頼は父鎮清《しげきよ》から所領《しょりょう》を譲られた。天正一五年（一五八七）の元重村検地帳では、鎮清家の兵部《ひょうぶ》（統昌）が持高《もちだか》二〇石、鎮清の兄弟鎮行家《しげゆきけ》の安芸《あき》が三六石であるから（外園豊基『戦国期在地社会の研究』第二章）、一六世紀前期ごろ鎮清・鎮行兄弟の世代に元重氏は、おそらく均分的な分割相続をおこない、家を分立させたとみられる（近世に両家は庄屋を務めた）。一方、一六世紀後期の鎮頼の置文では、①〜③のように、一子継承・単独相続が原則となっている。ただし、極端に長男を優遇する処分は近年現れた相続慣行であったから、不利益をこうむる弟たちが、完全に納得していたわけではない。実際のところ、兄弟間の相論は多かった。①は、親が元気なうちに財産の処分をすませておき、兄弟の対立を未然に防ぐように段取りをつけよということだろう。

狂言「痺《しび》り」の太郎冠者は、主人に遠路の使いを命じられて、「私の親は子を数多《あまた》持ちまして、兄兄にはそれぞれの譲り物を致してござるが、中でも私は末子で不憫《ふびん》だといって、この痺りを譲られてござる」と、親から相続したという痺れを理由に拒否している。面白くおかしい話だが、武家奉公を生活の支えとした地侍の末弟たちが、相続の場面においておかれていたところを象徴的に表している。

分割相続によって所領が細分化した武士の家では、鎌倉後期ごろから庶子や女子の取り分を減らし、やがて嫡子が単独で所領を相続するようになっていく。地侍の家では、同様の動きが戦国時代ごろに起こった。ただし、南北朝期に所領を拡大した武士の家で再び分割相続がおこなわれたように、単独相続にむかう流れは単純な一本道というわけではない。

兄の道、弟の道

室町時代には、地侍層の武家被官化がすすんだ。村の農業を支えた地侍たちは、自らが農業経営にあたるとともに、在村給人《きゅうにん》として活動した。ただし、武家被官としての地侍層の立場は、大名の直臣とはなりえず、大名家臣の家臣、つまり陪臣であって、「郎従《ろうじゅう》」や「中間《ちゅうげん》」とよばれる存在でしかなかった。ところが、戦乱の時代を迎えて軍事的需要の増大により大名直臣化への道が開かれ（高木純一「戦国期畿内村落における被官化状況と領主支配」『ヒストリア』二五三）、やがて地侍層の立身出世を阻んできた侍身分内部の階級格差も解消された。近世大名やその重臣には、乱世のなかでチャンスをつかんで、この階層から成り上がった者が多く含まれている。

戦国時代には、侍で主人をもたない者はいないとさえいわれる。武家被官化は、様々な便宜が期待できた反面で、大きなリスクも抱え込むことにもなった。永正元年（一五〇四）細川京兆《けいちょう》家《け》内衆《うちしゅ》の薬師寺《やくしじ》元一《もとかず》が当主の細川政元《まさもと》に背き、淀城《よどじょう》で挙兵した。「東寺《とうじ》過《か》去帳《こちょう》」によれば、落城の際、数千人が討死《うちじに》・入水死《じゅすいし》したが、そのなかには「西岡侍五十余人・郎等数百人」が含まれていた。また、先に紹介した利倉安俊は、永正一七年寄親《よりおや》とみられる河原林《かわらばやし》正頼《まさより》の謀叛の嫌疑に連座して細川高国《たかくに》から自殺に追い込まれている。戦《いくさ》や政争に巻き込まれて、命を落とす者も少なくなかった。

在村のまま武家奉公をする者だけでなく、積極的に村をでる者も多かった。上久世の利倉家に孫四郎・又六という兄弟がいた。天文一八年（一五四九）六月、摂津《せっつ》国の江口合戦《えぐちかっせん》に勝利して以降、三好長慶《みよしながよし》が摂津の芥川山城を拠点に畿内を支配していた。こうした状況の変化をみて、兄弟はめざとく新たに奉公先を選んだらしい。兄の孫四郎は摂津国人の芥川《あくたがわ》氏の与力《よりき》（寄子《よりこ》）となり、弟の又六は同じく摂津国人で長慶家臣である野間《のま》氏の与力となっていた。天文二〇年ごろ、「兄弟相論」で年貢・諸公事の納入が滞っているから、相続した田地をめぐる争いであった可能性が高い。その二年後の天文二二年、弟の又六久《ひさ》俊《とし》は、摂津国で野間氏の家臣として棟別銭《むなべっせん》の徴収にあたっている（高木純一「東寺領山城国上久世荘における年貢収納・算用と「沙汰人」」『史学雑誌』一二六―一二）。又六は村を離れ、武士の家来《けらい》として生きていく道を選んだのである。

地侍の一家では、兄が村にとどまるのに対して、弟が村をでる傾向がみられることから、比喩的に、在郷して家を守るのを「兄の道」、離郷して可能性にかけるのを「弟の道」と称したりもする。このように兄と弟で選択がわかれがちな理由は、先に述べた当時の相続状況からすれば、あえて言葉を重ねる必要はないだろう。

また、弟たちにはそれとは別の道もあった。地侍の家族は、核家族から直系家族に転化し、世代を超えて維持される家《いえ》となっていた。家《いえ》には跡取りが不可欠だが、一夫一婦制の家族では、常に跡継ぎの息子をえられるわけではない。さらに、戦国時代には戦死のリスクも高かった。地侍家の跡取りには、識字・計数能力はいうにおよばす、農業経営の知識や武芸《ぶげい》の嗜《たしな》みといったマルチな才能が必要とされた。元重鎮頼も置文で、次男以下は望まれれば積極的に他家の養子にだすようにいっているが、元重家でも鎮頼の後、二代続けて養子を迎えて跡取りとしている。中世末期には、村の上層民である地侍層の世界はすでに家社会となっていたが、地侍家の弟・娘たちは、養子や妻として家社会の再生産を支える欠かせない存在でもあった。

古代から中世へ、中世から近世へ——エピローグ

古代家族から中世の核家族へ

本書では、中世が核家族社会であり、夫婦・親子の絆が強固なことを述べてきたが、古代には、家族のあり方が中世と違っていた。古代の家族史研究を牽引してきた明石一紀や義江明子は、古代家族のかたちを次のように描いている。

日本の古代社会は、族外婚制の欠如、親族名称の特徴やインセスト・タブーからみて、母系制《ぼけいせい》ではなく双方制社会であった。婚姻は通い（妻訪《つまどい》）からはじまり同居に移るが、生涯におよぶ通いもみられる。夫婦関係は、愛情が途絶えれば配偶者を代えても非難されないような、一対の男女の緩やかな結びつきであり、安定していなかった。当時の民衆家族は、「母子小集団に夫が加わって構成する、夫の存在が流動的であるような家族」であり、

人間の社会生活にとって基本的な四つの機能（性・経済・生殖・教育）を備える、いわゆる核家族とは異なり、諸機能が家族に一体化される以前の段階にあったとされる。すなわち、当時の家族は、夫婦の結びつきは弱く、父方・母方双方の親族関係のほうが優越しており、地縁・血縁による村落結合（共同体）に依存しつつ日常生活を営んでいた。それが、一〇・一一世紀以降、一夫一妻的結合が強化され、単婚制に移行したという。

女性史研究者の西村汎子が、一二世紀初頭に成立した『今昔物語集《こんじやくものがたりしゅう》』によって夫婦の役割分析をおこなっている。近衛舎人《このえとねり》の茨田重方《まつたのしげかた》は、顔は猿に似て心は販女《ひさきめ》（物売り女）のような妻と離婚したいのだが、妻と別れると、たちまち衣服の綻《ほころ》びを縫う人がいなくなって困るので、別れるに別れられないと愚痴《ぐち》をこぼした（第二八巻一話）。古代には、男性の衣服は母や姉妹など女性親族が受けもったのだろうが、古代・中世の移行期には、妻に頼るようになっていた。中世社会では、当初の段階から夫婦家族の性別分業と協業によって一家の生活が成り立っていたのである。

古代の村は、ほとんどが九・一〇世紀に消滅し、中世にはつながらない。つまり、古代末期に古代家族は、それまで依存してきた共同体（村落結合）の支えを失ったということになる。当時の一般農民の深刻な不振は、おそらくこれに起因するのだろう。従来、種籾《たねもみ》の準備から共同体に依存してきた一般の農民は、豊かな有力者に依存するほかなかったとみられる。そして、共同体の庇護《ひご》を外れた古代家族は、厳しい状況に対応しつつ、夫婦の結合を強めて中世的な核家族に転じていったのである。

中世民衆の家族

中世には、結婚した男女は生家をでて自分の家をもつという強い慣習（核家族規範）が存在した。中世民衆は夫婦を拠りどころとし、夫婦関係を基軸とした核家族が、民衆社会の基本的なユニットであった。住居だけでなく、食事・経営・家計も核家族ごとに独立していたとみられる。さらに、近接して居住する近親者の核家族からなる親族集団が、この小規模で脆弱な核家族を支えていた。

中世前期は粗放的《そほうてき》な農業から集約《しゅうやく》農業に向かう過渡期にあたり、鎌倉時代には、直営の中農層《ちゅうのう》である名主《みょうしゅ》たちが農業を牽引した。名主の業務と中農の農業経営は、単一の核家族の労働力でまかなえる範囲を明らかに超えており、名主層では、近親者を中心にして、異姓他人を含めて親類縁者を受け入れる、複数の核家族世帯からなる屋敷地共住集団が形成されていた。

室町時代の畿内近国では、家々が一定地域に群集し、村と村の境界がはっきりした村落が一般的となり、その庇護のもとで核家族の小農が村の農業の主力を担うようになっていた。当時の若者には、親元からのすみやかな自立と結婚をうながす社会的圧力が働いており、おそらく早婚社会であった。村人の多数をしめる耕作農民の地位（下作職《げさくしき》）は、柔軟で流動的な土地利用権であり、下作職の供給はおおむね安定していた。耕作農民たちは、家族周期からくる労働力や扶養圧力の増減の対応しつつ、耕作規模を生活状況にあわせて伸縮させていたとみられる。

中世民衆の家（建物）は掘立柱式で住宅寿命が短く、財産的価値は低かった。室町時代には、世代を超えて住み継がれていく礎石《そせき》建ての農家住宅が建てられ、これを相続する特別な一子が登場した。中世末期になると村落の上級階層のあいだでは、跡取り夫婦が親夫婦と同じ屋敷地に同居して家名《かめい》と家産《かさん》を継承する直系制家族の家《いえ》が形成された。

中世の福岡平野

私は最近の仕事で、散村《さんそん》段階にあった一三世紀後半の太良荘《たらのしょう》の平均的な反収を約一石、集村段階にあった一五世紀初頭の上久世荘《かみくぜのしょう》の反収を一・五石と推計し、これが中世末期には二石程度に増加すると推定した（『岩波講座日本経済の歴史1中世』序章第3節）。中世後期には、二毛作の拡大とあわせて、農業生産力が大きく伸張したとみてよい。

図18は、発掘された中世前期の福岡平野の集落の分布である（『新修福岡市史特別編 自然と遺跡からみた福岡の歴史』第Ⅱ部第8章「中世」）。考古学者の田上勇一郎の作成による。中世前期の遺跡は一三八ヵ所あり、そのうち六七ヵ所で集落が確認されている。また、集落形態は散村もしくは疎塊村《そかいそん》であり、立地は現在の水田下から発掘されることが多いとい

図18　福岡平野の中世前期の集落（遺跡分布）

『新修福岡市史特別編 自然と遺跡からみた福岡の歴史』第Ⅱ部第８章「中世」（田上勇一郎執筆）より転載.

図19　福岡平野の中世末期～近世初頭の村落（文献史料）

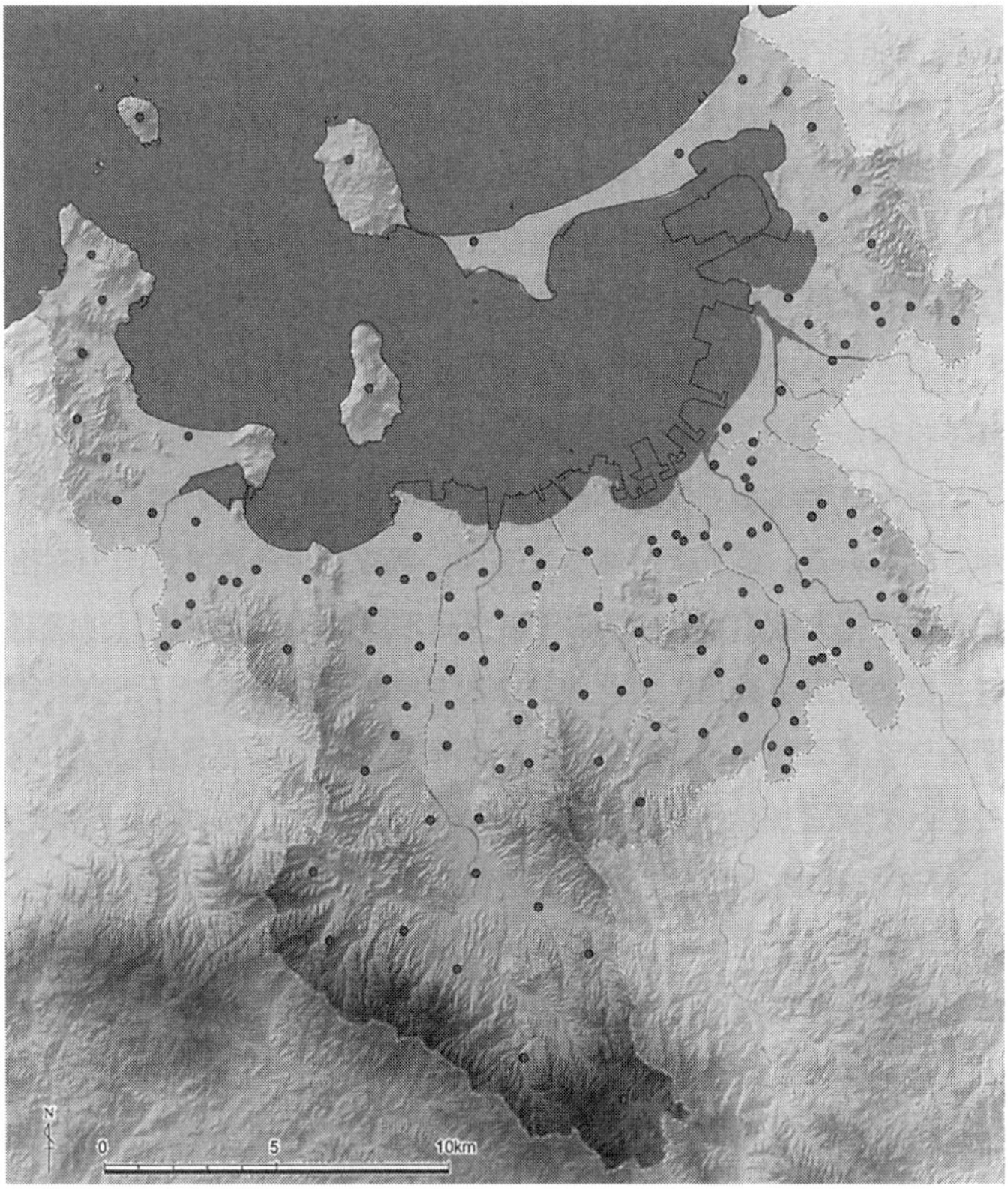

『新修福岡市史特別編 自然と遺跡からみた福岡の歴史』第Ⅱ部第８章「中世」（田上勇一郎執筆）より転載.

う。本書では、粕屋町《かすやまち》の戸原麦尾《とばらむぎお》遺跡の集落をとりあげたが、これは村のなかに存在する一つの名集落にあたる（九〇頁）。これらが独立した集落として数えられるので集落数が勢い多くなるから、実際の村の数は減じて考えねばならない。

図19は、同じく田上が文献史料によって作成した中世末期〜近世初頭の村の分布である。一三五村を数えるが、これが中世最末期段階における福岡平野の村の実態とみてよいだろう。ところが、中世後期の集落遺跡は三八ヵ所しか確認されていない。九州では、一五世紀ごろ集村化の画期を迎える。このように遺跡数が少ないのは、当時の村と集村化をへて成立した現行集落が立地的に重なり、発掘の対象となりにくいからだという。実際には、村数も大幅に増えた。古くから開発が進んだ京都周辺では新村の成立は少なかったが、地方では、集村化が進むとともに、新しい村がぞくぞくと生まれていたのである。

新天地にのりだす近世

全国的にみると、中世後期には、農業生産力が上昇し、新しい村々が叢生《そうせい》した。当然、人口も大きく増加しただろう。だが、どうも中世末期には、農業生産の伸びが人口増加を支えていくのがだんだん難しい状況に近づいていたらしい。フロイスの『日本史』やコリャードの『懺悔録《ざんげろく》』などのキリシタン文献や明の鄭舜功《ていしゆんこう》の『日本一鑑《にほんいっかん》』によると、中世最末期には、養い得ると思われる以上に多くの子供を授かった家族では、堕胎《だたい》や間引《まび》きによって産児制限をおこなうようになっていた。

中世の水田開発の主戦場は、基本的に河川中流域にとどまっていた。福岡平野のような大きな川のない地域では、中世段階でも開発が可能であったが、中世日本の大河川下流域は湿地帯であり、政治権力が分裂していた中世には、水田として開発できなかった。中世末期には、耕地開発は、当時の技術水準からすると飽和状態を迎えていたのである。また、水田の生産力推計を試みて予想外の高い数値をえたが、河川中流域平野部の生産性が高いということは、逆からみると、将来の伸び代を余り期待できないという話にもなる。増えていく人口を扶養するために社会が農業生産の拡大をめざすには、新天地の大河川下流域に乗りだしていくほかない。近世になると、大規模な河川改修がおこなわれ、大河川下流域で大規模な新田開発がすすんだ。再来した大開墾時代である近世初期には、新村が簇生《そうせい》し、再び分割相続と分家の時代を迎える。

あとがき

本書では、中世民衆の家族の歴史について、とくに変化の側面に注目して追いかけてきた。中世は核家族の時代であり、兄弟姉妹の関係は基本的に平等であった。ところが一四世紀ごろ、跡取りの兄を極端に優遇する直系制家族の家《いえ》が支配階級の間に現れ、中世末期には、村落の上級階層まで広がった。中世は、人びとの暮らしと生き方が移り変わった転換期であった。

久隅守景《くすみもりかげ》筆の「納涼図屏風」（東京国立博物館蔵）が本書のカバーを飾る。一七世紀後期の作である（松嶋雅人「「納涼図」のひみつ」『久隅守景　親しきものへのまなざし』サントリー美術館）。小さな家に立てかけた夕顔棚の下に筵《むしろ》を敷いて夕涼みをする農民の家族を描いている。核家族の情景といえば、おそらく多くの方がこの絵を思い浮かべるところだろう。木下長嘯子《ちょうしょうし》（一五六九〜一六四九）の和歌「夕顔の咲ける軒端《のきば》の下涼み　男はてテれ（襦袢《じゅばん》）女《め》はふたの物（腰巻《こしまき》）」に取材したものとされる。一七世紀には、民衆の大半はまだ核家族の段階にあった。一方、近世の大開墾時代が終わった一八世紀になると、分割相続から単独相続に移行し、庶民層でも直系制家族が一般化した。

中世民衆の家族に関しては、史料が極めて乏しいこともあって、明確な通説が存在しない。私がこれに取り組むことになった発端は、『岩波講座 日本経済の歴史』の企画に参加し、「中世の農業」を担当したことにある。中世農業の展開を体系的に説明するには、土地条件や農業技術、経営主体のあり方などが主要な論点になる。そして、経営主体の問題は、とくに家族の存在形態と密接に関わっているのである。

『岩波講座 日本経済の歴史』では、編者の深尾京司氏・中村尚史氏・中林真幸氏を中心に、歴史畑だけでなく、経済学の様々な分野の研究者がつどい、春夏の研究会議や月例研究会を通じて活発な議論がなされた。学際的な研究交流の場は、私の蒙を啓くとともに分析ためのヒントを与えてくれた。

中世の民衆家族と農業の動向を主題とした本書では、日本史研究に隣接する諸学問から多くのことを学んだ。民衆家族については、文献史料の不足が高い壁として立ちはだかるが、考古学や建築史の研究では、住居のようすが具体的に検討されていた。そうした知見を踏まえて史料を精読すると、これまでみえなかった民衆家族の姿に迫っていく道が開けてきた。さらに、本書冒頭の「古代末期の社会的危機」の節では、地震学・気候学・地理学などの恩恵に浴している。とくに名古屋大学の中塚武氏には、既発表論文に掲載された図の転載をお願いしたところ、有り難いことに最新のデータに基づく図を提供してくださった。記して感謝の意を表したい。

本書は、吉川弘文館編集部の岡庭由佳さんから「中世は核家族だったのか？」という書名で執筆のお誘いをうけたことにはじまる。地方誌に載ったばかりの拙稿を読まれての依頼ということで、まずはプロ編集者の目配りの広さに驚いた。また、私のなかでは講座論文の前提作業という位置づけであったが、お誘いをうけて改めて考えてみると、いま自分自身が最も論じたいテーマであることに、遅ればせながら気づいた。変化する中世の家族を追いかけ、一書に仕立てていくのは、やり甲斐のある仕事だった。

家族のかたちが大きく変わりゆく現在、過去と今とを問わず、家族問題に関心をもつ多くの方々が本書を手にとってくだされば、望外の喜びである。

二〇二一年二月　立春の日に

西　谷　正　浩

おもな参考文献

＊家族史・農業史に関する文献に限定して掲げた。

明石一紀『日本古代の親族構造』吉川弘文館、一九九〇年。

木村茂光編『日本農業史』吉川弘文館、二〇一〇年。

久留島典子「中世後期の結婚と家」『アジア遊学157　東アジアの結婚と女性』勉誠出版、二〇一二年。

後藤みち子『中世公家の家と女性』吉川弘文館、二〇〇二年。

斎藤修「一六〇〇年の全国人口」『社会経済史学』八四―一、二〇一八年。

坂田聡『日本中世の氏・家・村』校倉書房、一九九七年。

坂田聡『家と村社会の成立』高志書院、二〇一一年。

柴尾俊介「九州中世村落考古学の現状と課題」『七隈史学』九、二〇〇八年。

菅原正子『中世武家と公家の「家」』吉川弘文館、二〇〇七年。

薗部寿樹『日本中世村落内身分の研究』校倉書房、二〇〇二年。

高島正憲『経済成長の日本史』名古屋大学出版会、二〇一七年。

高橋秀樹「中世の家と女性」『岩波講座日本歴史第7巻　中世2』岩波書店、二〇一四年。

中塚武「気候変動が古代日本人に与えたインパクト」『科学』八七―二、二〇一七年。

中塚武「中世における気候変動の概観」『気候変動から読みなおす日本史⑷気候変動と中世社会』臨川書店、二〇二〇年（中塚武監修）。

西谷正浩『日本中世の所有構造』塙書房、二〇〇六年。

西谷正浩「中世後期における村の惣中と庄屋・政所――山城国上野荘の場合」東寺文書研究会編『東寺文書と中世の諸相』思文閣出版社、二〇一一年。

西谷正浩「中世後期における山城国上久世荘の農業生産」『福岡大学人文論叢』四七―三、二〇一五年。

西谷正浩「中世名主の家族戦略――若狭国太良荘のばあい」『七隈史学』一九号、二〇一七年。

西谷正浩「中世の農業構造」『岩波講座　日本経済の歴史1中世』岩波書店、二〇一七年。

西谷正浩「荘園村落の世界」『九州史学』一八一、二〇一八年。

西谷正浩・高島正憲「中世後期における山城国上久世荘の家族と人口」『福岡大学人文論叢』四八―一、二〇一六年。

西村汎子『古代・中世の家族と女性』吉川弘文館、二〇〇二年。

服藤早苗「平安貴族の結婚と家族」『アジア遊学157　東アジアの結婚と女性』勉誠出版、二〇一二年。

保立道久『中世の女の一生』洋泉社、一九九九年。

義江明子『日本古代女性史論』吉川弘文館、二〇〇七年。

エマニュエル・トッド『家族システムの起源Ⅰ　ユーラシア』藤原書店、二〇一六年（石崎晴己監訳、原著二〇一一年）。

W・H・マクニール『疫病と世界史』新潮社、一九八五年（佐々木昭夫訳、原著一九七六年）。

Farris, W. W. (2006) *"Japan's Medieval Population : Famine, Fertility, and Warfare in a Transformative Age,"* University of Hawaii Press.

著者紹介
一九六二年、愛媛県に生まれる
一九八五年、九州大学文学部史学科卒業
一九九二年、九州大学大学院文学研究科国史学専攻博士課程(後期)単位取得満期退学
現在、福岡大学人文学部教授
〔主要著書〕
『日本中世の所有構造』(塙書房、二〇〇六年)
『岩波講座日本経済の歴史1　中世』(共著、岩波書店、二〇一七年)

歴史文化ライブラリー
524

中世は核家族だったのか
民衆の暮らしと生き方

二〇二一年(令和三)六月一日　第一刷発行

著　者　西《にし》谷《たに》正《まさ》浩《ひろ》
発行者　吉川道郎
発行所　株式会社　吉川弘文館
東京都文京区本郷七丁目二番八号
郵便番号一一三—〇〇三三
電話〇三—三八一三—九一五一〈代表〉
振替口座〇〇一〇〇—五—二四四
http://www.yoshikawa-k.co.jp/
印刷＝株式会社 平文社
製本＝ナショナル製本協同組合
装幀＝清水良洋・宮崎萌美

ISBN978-4-642-05924-4

歴史文化ライブラリー

1996. 10

刊行のことば

現今の日本および国際社会は、さまざまな面で大変動の時代を迎えておりますが、近づきつつある二十一世紀は人類史の到達点として、物質的な繁栄のみならず文化や自然・社会環境を謳歌できる平和な社会でなければなりません。しかしながら高度成長・技術革新にともなう急激な変貌は「自己本位な刹那主義」の風潮を生みだし、先人が築いてきた歴史や文化に学ぶ余裕もなく、いまだ明るい人類の将来が展望できていないようにも見えます。このような状況を踏まえ、よりよい二十一世紀社会を築くために、人類誕生から現在に至る「人類の遺産・教訓」としてのあらゆる分野の歴史と文化を「歴史文化ライブラリー」として刊行することといたしました。

小社は、安政四年（一八五七）の創業以来、一貫して歴史学を中心とした専門出版社として書籍を刊行しつづけてまいりました。その経験を生かし、学問成果にもとづいた本叢書を刊行し社会的要請に応えて行きたいと考えております。

現代は、マスメディアが発達した高度情報化社会といわれますが、私どもはあくまでも活字を主体とした出版こそ、ものの本質を考える基礎と信じ、本叢書をとおして社会に訴えてまいりたいと思います。これから生まれでる一冊一冊が、それぞれの読者を知的冒険の旅へと誘い、希望に満ちた人類の未来を構築する糧となれば幸いです。

吉川弘文館